LE *MANAGEMENT*...
SELON JÉSUS

FLORIAN MANTIONE
HERVÉ PONSOT

LE *MANAGEMENT*... SELON JÉSUS

Préface de
JACQUES CHAIZE

Postface de
JEAN-LUC RAGONNEAU

LES ÉDITIONS DU CERF

•

www.editionsducerf.fr
24, rue des Tanneries
75013 Paris

ISBN : 978-2-204-16192-3
ISSN : 2417-7377

Préface

Ce livre est à la fois surprenant et captivant.

Surprenant, car l'association entre « Jésus » et « management » est inattendue, comme l'est d'ailleurs le dialogue que les deux auteurs installent dès la première page, direct et bienveillant, précis et sans détour. Le lecteur est aussi surpris par le changement de perspective radical que permet cette rencontre insolite. Le paysage familier des textes anciens prend de nouveaux reliefs, de nouvelles couleurs, un nouvel écho et met à jour des chemins insoupçonnés. Les mots les plus usés du management, nourris de ce terreau bimillénaire, retrouvent leur vivacité et leur fraîcheur, un sens et un éclat puissants.

Mais il est aussi captivant, car sa perspective inédite ouvre aux praticiens du management, qu'ils soient novices ou expérimentés, de nouveaux champs de réflexion, voire de méditation, mais aussi de nouvelles pistes d'apprentissage et d'action pour maîtriser les leviers essentiels de cet art difficile.

Le manager est-il un chef, un leader ou un enseignant ? Sa véritable autorité n'est-elle pas, tout simplement, celle de la parole « vraie » qui se construit sur la congruence des actes ? Faire ce qu'on dit et dire ce qu'on fait, en somme.

Pour mieux communiquer et entraîner, expliquer plutôt qu'imposer, comment se saisir de la puissance narrative et transformatrice des paraboles ? Que dit la parabole de la brebis perdue du management du maillon faible ? Et celle des talents de la justice et de l'équité ? Mes collaborateurs sont-ils des disciples autour de moi ou bien des apôtres aventuriers ? Faut-il se mettre à leur tête ou bien à leurs pieds, jusqu'à les laver avec humilité ?

Recruter, c'est rencontrer. Faut-il miser sur le potentiel ou sur le talent ? La confiance est-elle synonyme de foi et fidélité ? Comment le pardon éclaire-t-il le droit à l'erreur et l'échec ?

Diriger, c'est décider. La prière peut-elle alors constituer une prise de recul avant la décision ?

Aujourd'hui, face aux immenses défis que nous devons relever, ce rôle de leader qui, étymologiquement, nous aide et nous guide pour aller de l'avant et « franchir de nouveaux seuils » résonne de façon singulière dans cette phrase que les auteurs prêtent à Jésus : « Ma véritable entreprise ne consistait pas à produire des biens matériels, mais à produire des changements de vie. »

JACQUES CHAIZE
Ancien président du CJD (Centre des jeunes dirigeants)
Ancien président d'APM (Association progrès du management)

Introduction

LA RENCONTRE QUI PEUT TRANSFORMER UNE VIE

par

Florian Mantione

La rencontre a eu lieu à l'issue d'un repas de Jésus avec ses disciples.

Pendant ce repas, Jésus avait pris du pain et, après avoir prononcé la bénédiction, il l'avait rompu et donné à ses disciples en disant : « Prenez, mangez, ceci est mon corps. » Puis il avait pris une coupe et, après avoir rendu grâce, il la leur avait donnée en disant : « Buvez-en tous, car ceci est mon sang, le sang de l'Alliance, versé pour la multitude, pour le pardon des péchés. »

Pendant le repas, il avait pris un linge et lavé les pieds de ses disciples.

L'atmosphère était grave et solennelle… et j'assistais à cela, très impressionné.

C'est à la fin du repas que je m'enhardis à m'adresser à Jésus en lui demandant la faveur de lui poser quelques questions. Je voulais l'interroger sur son mode de *management*, sa relation avec ses disciples, ses valeurs, les messages qu'il souhaitait faire passer, son mode de communication...

Je compris dans son regard, avant même qu'il ne me réponde, qu'il était très loin de ces préoccupations...

J'anticipais sa réponse en lui indiquant que la « bonne parole » est meilleure quand elle est puisée à la source et que pour éviter des déformations, je préférais m'adresser directement à lui...

Il me regarda avec bienveillance, et me répondit avec beaucoup d'humilité que ses actes étaient aussi importants que ses paroles. Tout était fait et tout était dit...

Mais devant mon insistance, il se leva, et m'emmena dans un coin de la pièce, à l'abri des oreilles indiscrètes.

« Je vous écoute » prononça-t-il en fermant doucement les yeux.

J'étais partagé entre le sentiment de l'importuner et celui de recueillir le fruit de la sagesse inestimable que Jésus avait accumulée. Je voulais simplement bénéficier de son enseignement et voir comment l'appliquer dans une entreprise.

« Je vous écoute » répéta-t-il calmement.

N. B. La conversation qui suit s'est déroulée à bâtons rompus, avec son lot de ruptures, de redites, d'approximations. Telle est souvent une caractéristique du style oral, et elle a été largement conservée.

1

LES ORIGINES FAMILIALES

Votre naissance semble mystérieuse pour certains. Conservons ce mystère pour nous intéresser à votre personnalité, à votre comportement, à vos valeurs. Votre personnalité dépend de votre enfance, de votre milieu familial, parlez-nous en.

Pour ce qui concerne ma naissance, je crois qu'il ne faut pas la passer sous silence, puisqu'elle a joué un rôle déterminant dans la conscience que j'ai pu avoir de moi-même.

Ma mère, Marie, m'a raconté que cette naissance a eu quelque chose de mystérieux, en rapport avec Dieu. Un mystère qui la concernait elle, et qui me concernait moi, à la suite des révélations qu'elle avait reçues et aux propos de gens qu'elle avait rencontrés, par exemple au Temple avec un certain Siméon.

J'ai donc toujours vécu avec cette conscience personnelle d'être tout à la fois très semblable en mon humanité et très différent dans la profondeur de celle-ci par rapport à ceux qui m'entouraient. Et je l'ai mise, dès mon enfance, en rapport avec Dieu en qui j'ai reconnu mon Père : c'est ainsi que je le nommerai d'ailleurs devant vous.

Vous sentiez-vous différent, ou bien les autres vous percevaient-ils comme différent ?

Les autres me percevaient différent c'est clair, mais j'avais moi-même cette conscience de quelque chose d'original et de fort en moi, lié au mystère de ma naissance. Du coup, comme je viens de vous le dire, j'ai vécu avec cette conscience-là, d'avoir un rapport filial à Dieu et d'une mission qu'il me confierait, d'un rôle à jouer dans cette société qui m'a environné.

Et cette mission, cette notion de mission, est-elle venue de vous-même, ou bien vous a-t-elle été transmise par vos parents ?

Je vous le disais, cette mission a un rapport avec ma naissance. Mes parents étaient donc eux aussi conscients de ma mission, comme ils l'étaient de la leur.

C'est donc à travers eux que j'ai reçu cette vocation, et ce n'était pas une mission simple : je devais accomplir un service particulier pour Dieu.

Certains, autour de moi, ont reconnu cette mission, d'autres l'ont niée. J'ai donc dû toujours me battre et être un peu singulier dans cette affirmation, qui évidemment détonnait par rapport au milieu ordinaire d'où je venais. N'oublions pas que mon père était charpentier.

Alors Justement ! Détaillons un petit peu tout cela. Commençons par votre prénom, pourquoi ce prénom Jésus ?

Voilà déjà un point qui fait partie de ces dimensions un peu mystérieuses.

Il est de tradition, dans le monde juif, de donner des prénoms qui évoquent quelque chose de Dieu, comme Nathanaël « Dieu a donné », Gabriel « Dieu est fort », ou Raphaël « Dieu guérit ». Tous ont cette terminaison « El » qui veut dire Dieu…

Il s'agit d'une dimension importante de la nomination des enfants dans le judaïsme.

Mes parents m'ont appelé Jésus ! Mon cousin Jean, que l'on appellera plus tard le Baptiste, possède également un prénom original : lorsqu'il est né, ses parents pensaient lui donner, par tradition, le nom de son père Zacharie. Et il se trouve qu'ils l'ont nommé Jean, ce qui veut dire « Dieu est miséricordieux ». Pour lui aussi, la relation à Dieu et à une mission reçue de lui est présente…

D'accord.

Donc c'était déjà un décalage pour lui comme pour moi. Car mes parents m'ont appelé Jésus et non pas Joseph comme mon père. Savez-vous ce que veut dire « Jésus » ? Ce nom veut dire « Dieu sauve ».

D'emblée, mes parents m'ont élevé dans la perspective de cette mission qu'ils avaient reçue et qu'ils cherchaient à me transmettre, une mission de salut pour ceux qui m'entouraient.

Il y a donc une prédisposition en quelque sorte familiale, par indice, pourrait-on dire ?

C'est tout à fait cela, et cela joue. L'influence familiale est réelle.

Rappelons, encore une fois, l'influence des prénoms parce qu'aujourd'hui elle peut se perdre autour de nous, mais en fait, le prénom dit quelque chose de ce qu'on attend d'un enfant. En ce qui me concerne, c'était clair et ma destinée était tracée.

Un peu comme Abraham ou Isaac par exemple...

Exactement. Ce prénom, Jésus, a joué un rôle important pour moi car il me singularisait. J'ai vécu mon enfance dans le cadre d'une mission à accomplir, mais je ne savais pas trop au départ en quoi elle consistait. Je la percevais d'emblée comme quelque chose d'important et mes parents m'ont conforté dans cette perception.

Ce n'est qu'au fil du temps, à la suite de certains événements tel que mon baptême par Jean dans le Jourdain que je l'ai vraiment découverte.

Est-ce qu'il y a des dirigeants dans votre famille, est-ce qu'il y a des exemples de « chef » ?

Vous savez, ma famille est un peu particulière.

Je l'ai su très tôt, Joseph, mon père, est un père adoptif. Cela ne veut pas dire qu'il s'agit d'un père lointain car le critère adoptif marque pour nous une réelle paternité. Donc j'ai beau être adopté, je suis comme tous les enfants nés d'un père biologique.

Mon père, Joseph, était considéré comme de la lignée de David.

Ces questions de lignage sont très importantes dans nos traditions juives et les récits bibliques y reviennent à de nombreuses reprises. Dans les textes de l'Écriture qui étaient à notre disposition, les choses sont claires. En tant que fils de David, il y avait toute la lignée de David derrière lui, disons plutôt avant lui.

Ainsi vos parents, en vous donnant ce prénom de Jésus, avaient une haute opinion de vous et ont formalisé en quelque sorte votre destinée.

Je ne sais pas s'ils avaient une haute opinion de moi, mais ils m'ont toujours dit qu'il s'agissait d'une inspiration divine.

J'ai accepté d'emblée cette proposition qui m'a été faite et j'y ai répondu du mieux que peut répondre un enfant aux intentions de ses parents.

Question indiscrète, avez-vous eu une enfance heureuse ?

Léger silence... Jésus réfléchit avant de répondre.

Je crois que quand on a une enfance douloureuse cela finit par se manifester un jour ou l'autre, à un moment ou à un autre dans sa vie d'adulte.

Pour ma part, je dois dire que je n'ai jamais ressenti quelque chose de difficile ou de douloureux.

Un moment j'ai envoyé promener un peu ma mère, c'était à des noces célébrées à Cana auxquelles j'assistais avec mes disciples. Je lui ai répondu dans un style typique du parler araméen – « quoi de toi à moi »...

Certains autour de moi qui ont entendu se sont étonnés de la manière dont je traitais ma mère.

Une manière un petit peu cavalière ?

Un peu cavalière, c'est du moins l'impression qu'on peut en avoir a priori, alors que la vérité c'est simplement que je m'inscrivais déjà dans le cadre de ma mission. Ce que du coup j'ai essayé de lui faire comprendre – « attention, j'ai une mission, c'est dans l'intérêt de cette mission que je dois agir, je ne peux pas nécessairement tenir compte de tes impressions, de tes désirs... »

Les mères ont toujours des désirs pour leurs enfants... Aussi je me suis très vite inscrit dans le cadre de ma mission et cela supposait effectivement, une certaine distance prise vis-à-vis de ma famille naturelle.

> *Écoute, mon fils, l'instruction de ton père, ne méprise pas l'enseignement de ta mère : c'est une couronne de grâce pour ta tête, des colliers pour ton cou* [Proverbes 1, 8-9].

2

L'ÉDUCATION

Votre père était un chef d'entreprise, un artisan. Est-ce que cela a eu une influence sur votre conception de la vie économique ?

Chef d'entreprise est un bien grand mot.

Je ne sais si on peut parler, aujourd'hui, d'une petite entreprise, mais c'était effectivement un artisan charpentier qui possédait une petite échoppe et qui se faisait aider de compagnons.

J'ai donc connu cette échoppe et la tradition aurait voulu que je prenne la succession de mon père.

Vous auriez pu lui succéder ?

J'aurais pu, j'aurais dû devenir charpentier à mon tour. Souvent, quand les gens parlent de moi, ils disent le fils du charpentier.

Effectivement, vous êtes, dans un premier temps, le fils du charpentier.

Je suis bien identifié par rapport à ce travail de mon père, mais il se trouve que je n'ai eu l'occasion de l'exercer que pendant mon adolescence.

J'ai passé bien des étapes de la vie et d'autres voies se sont ouvertes pour moi et je n'ai pas gardé cette orientation-là.

J'aurais pu vivre une vie simple, j'aurais pu appréhender les choses de manière très concrète et très matérielle, mais ma vocation m'a poussé du côté des choses spirituelles.

Donc, vous aviez un projet plus vaste, plus large qu'une activité manuelle ?

Absolument. Quand je suis entré sur la scène publique, quand on a commencé à parler de moi, et que les choses se sont en même temps mieux révélées à moi-même, j'ai compris que ma mission, celle dont mes parents me parlaient depuis si longtemps, avait une autre dimension, bien au-delà de la seule réussite matérielle d'une entreprise. Ma véritable vie, ma véritable entreprise ne consistait pas à produire des biens matériels mais à produire des changements de vie...

Jésus, quelle était votre langue maternelle : l'araméen, l'hébreu, le grec ?

Dans la Galilée où j'ai vécu presque toute ma vie, les langues sont multiples. Mais la langue de base, c'est l'araméen, une variation de l'hébreu.

Si l'hébreu est devenu un peu la langue officielle, l'araméen est demeuré la langue populaire.

Le grec est également pratiqué, car dans mon pays que certains appellent la « Galilée des nations », beaucoup de monde passe.

Les caravanes et les marchands y sont très présents, tout comme l'administration romaine qui nous gouverne. Et donc les langues sont multiples mais le langage ordinaire autour de moi, ma langue, c'est l'araméen, la langue du peuple.

Quelles ont été vos études et qu'en avez-vous retiré ?

Les études d'un jeune juif peuvent varier d'un endroit à l'autre, mais on apprend d'abord à lire, et cela se fait surtout dans l'Écriture. Et le lieu d'apprentissage habituel est alors la synagogue.

Mais on apprend aussi beaucoup par le biais d'une transmission orale qui se fait de maître à disciple. Ensuite le disciple devient maître et transmet de nouveau à d'autres disciples, etc.

C'est le principe du compagnonnage en fait ?

Oui, absolument.

Il y a un maître et des compagnons ?

C'est là que se fait essentiellement l'apprentissage. Le mien s'est d'abord fait au sein de ma famille auprès de mes parents, mais aussi avec des compagnons d'étude à la synagogue, un lieu où on apprenait de manière plus formelle.

Et ces études m'ont formé sur un double plan : humain et spirituel.

Quant au premier, j'ai appris la langue et toutes les choses que l'on doit savoir pour vivre au quotidien.

Pour le second, c'étaient surtout les témoignages de l'Écriture, autrement dit des ancêtres de mon peuple. Mais encore une fois complétés par la transmission orale. À travers tout cela, j'ai mieux compris qui j'étais moi-même.

Ce n'était donc pas une formation d'abord technique que vous avez reçue mais plus une formation intellectuelle.

Intellectuelle et spirituelle tout à la fois ! Et là, effectivement, mes amis l'affirment, j'ai acquis une certaine virtuosité, une certaine expertise dans l'usage, en particulier dans la compréhension de cette tradition spirituelle reçue de nos ancêtres jusqu'à Moïse.

Peut-on dire que vous étiez un enfant précoce, puisque je crois que déjà, à l'âge de douze ans, vous discutiez des textes sacrés dans le Temple au grand dam de vos parents ?

Il faut savoir qu'à douze ans, dans notre tradition juive, il est d'usage de marquer un rite de passage et de manifester cela par le fait que dans la synagogue on va pouvoir être présent et faire les lectures.

Donc, tout enfant, on apprend à se confronter avec l'Écriture. On acquiert assez vite une certaine dextérité surtout quand on a quelques prédispositions, ce qui était mon cas.

Certains l'ont reconnu et n'ont pas manqué de s'en étonner devant mes parents. À douze ans, ceux-ci m'ont emmené à Jérusalem. C'est une tradition juive, normalement de faire trois pèlerinages dans l'année à Jérusalem. Lors de l'une de ces occasions, j'ai confronté mon savoir à ceux qui étaient considérés comme les ténors dans ce domaine – à savoir les scribes rassemblés dans le Temple. Et parce que j'avais acquis aussi cette disposition à lire et à comprendre les Écritures, j'ai débattu avec eux, pour en quelque sorte m'évaluer.

C'était une manière d'apprentissage en ce qui vous concerne ?

En quelque sorte. Il s'est agi d'une vérification.

Cela vous a permis de grandir aussi, de confronter vos idées avec celles des autres.

Mes parents me considéraient déjà comme rudement mûr pour mon âge et m'ont laissé discuter.

Mais, ensuite, ils se sont inquiétés de ne plus me voir, et m'ont cherché. Vous savez, les fêtes de pèlerinage étaient l'occasion d'un grand concours de peuple au Temple. Et il était facile de se perdre ou de perdre les enfants, d'autant plus qu'on n'attachait pas à la vie quotidienne des enfants une importance très grande. Alors ils se sont mis à me chercher. Puis, on leur a dit que j'étais dans le Temple. Et là, ils m'ont découvert en débat avec ces scribes qui étaient les maîtres dans le domaine de la connaissance de l'Écriture. J'étais simplement en train de discuter avec eux. Je n'étais pas impressionné, mais les scribes et mes parents l'ont été.

Vous êtes très discret sur votre adolescence et votre vie de jeune adulte, qu'avez-vous fait entre l'âge de douze et trente ans ?

Rien de très spécial qui mérite que cela fasse la Une de quelque document que ce soit. En fait, j'ai vécu la vie d'un enfant au foyer auprès de ses parents. J'ai donné un coup de main à mon père dans son atelier de charpentier : je n'étais pas indolent et je ne me suis pas laissé vivre.

Mais je n'ai pas eu une vie publique qui aurait pu prêter à controverse jusqu'à trouver écho quelque part dans ma ville, mon pays, voire à Jérusalem. Quand j'ai débarqué à douze ans à Jérusalem, j'étais un inconnu. Quand j'y suis revenu plus tard, beaucoup plus tard, donc vers mes trente ans, là j'étais moins un inconnu parce que je m'étais fait remarquer dans ma Galilée, celle de mes parents où j'ai longuement vécu.

On pourrait dire que votre vie professionnelle a démarré à l'âge d'une trentaine d'années en quelque sorte, mais quel a été votre véritable métier ? Vous étiez un coach, un formateur, un conférencier, un guérisseur, un rabbin ?

Au départ, je n'ai pas de métier précis et je donne un coup de main à mon père charpentier. J'ai suivi la ligne traditionnelle en usage dans le monde juif. Mais ensuite, désirant m'engager plus profondément sur le plan spirituel, j'ai cherché un maître. Et voilà comment on se forme. J'étais un disciple et j'avais un maître.

Qui était votre maître justement ?

Il se trouve que le maître qui avait une remarquable renommée spirituelle à l'époque c'était Jean-Baptiste, mon cousin.

Votre cousin ?

Mon cousin par ma mère. Il s'était fait connaître en instaurant au bord du Jourdain un baptême de conversion, c'est-à-dire une « plongée », ce que précisément veut dire le terme « baptême ».

Jean était très exigeant vis-à-vis de ceux qui venaient le voir pour recevoir ce baptême, il leur demandait un engagement de vie radical. Et comme il baptisait non loin de Jérusalem, sa notoriété est devenue assez vite importante. Beaucoup de gens venaient à lui avec cet engagement qui devrait être le leur : partir dans une voie nouvelle et s'écarter du péché.

J'étais dans cette situation de rechercher un maître et Jean-Baptiste avait des disciples avec lui. Je me suis donc joint à eux.

Avoir été un disciple de Jean-Baptiste a-t-il constitué un complément de formation ? Cela vous a-t-il été utile pour reproduire et transmettre cet enseignement ?

Absolument, il s'agit bien de la relation dont je parlais : du maître et du disciple.

Et nous étions plusieurs autour de lui, attirés par sa personnalité rayonnante et austère en même temps. Jean se nourrissait de sauterelles et de miel sauvage. C'est quelque chose d'assez étonnant. C'était vraiment une personnalité rude.

Il a connu une fin difficile ?

Douloureuse, même… car il a été exécuté par Hérode dont il avait critiqué certaines pratiques matrimoniales. Mais n'est-ce pas le sort de toutes ces personnes radicales qui dérangent ? Mais s'il en dérangeait beaucoup par la force de son message et de son rayonnement, moi il m'intéressait, justement par cette radicalité qui correspondait à ce que je pouvais souhaiter, espérer et attendre.

Ainsi, le déclic de votre vocation professionnelle, on peut dire que c'est le baptême par Jean-Baptiste ?

Il donnait le baptême et je me suis soumis à ce rituel qui est venu par la voix de mon Père confirmer et conforter ma mission. Je suis resté ensuite à ses côtés avec quelques autres pour l'accompagner. Nous vivions une vie très austère. En même temps, nous étions soutenus. Les gens étaient sensibles aux messages que nous transmettions, et nous entouraient, nous aidaient, ne serait-ce que pour la nourriture quotidienne.

Vous parlez là de message à transmettre, mais il y a eu des actes. Votre métier était-il celui d'un simple conférencier, d'un simple prédicateur ?

Non, bien sûr.

Vous étiez guérisseur, rabbin ?

Cela s'est fait après coup. Dans un premier temps, j'étais disciple. Je vous ai dit que le disciple devenait à son tour un maître, si effectivement l'enseignement était bien reçu. Il se trouve que Jean-Baptiste, comme je viens de vous le dire, a connu une fin douloureuse. Du coup, nous qui l'entourions, nous nous sommes trouvés un peu désarçonnés. Et là, les circonstances m'ont conduit à prendre ma destinée personnelle en main. J'ai, en quelque sorte, pris un peu le relais...

Pas simple de prendre le relais !

J'ai pris le relais de mon cousin parce qu'effectivement j'avais acquis une petite notoriété en tant que disciple de Jean-Baptiste. Compte tenu de cette mission que je pressentais, que je vivais déjà, dont mes parents m'avaient parlé, il m'a semblé que j'étais celui qui devait prendre le relais. Alors, j'ai baptisé quelques personnes dans la ligne de ce que faisait mon cousin. J'ai repris le flambeau.

Mais très vite, je me suis rendu compte que je devais, non seulement, suivre cette mission reçue par la médiation de Jean-Baptiste, mais que j'étais appelé à la renouveler, l'élargir. Et j'ai quitté les bords du Jourdain avec quelques-uns des disciples de Jean-Baptiste qui sont devenus mes propres disciples pour commencer une carrière de prédicateur itinérant.

D'accord ! Donc c'est le métier de base ?

En quelque sorte. Il y avait d'autres prédicateurs itinérants à l'époque, je n'étais pas le seul. Je suis retourné vers le pays où j'ai vécu longtemps, en Galilée, au nord du lac de Tibériade. Alors que Jean-Baptiste mon cousin avait baptisé plus au sud, sur les bords du Jourdain, moi je suis remonté dans le Nord, m'éloignant du coup de Jérusalem. Ce qui n'est pas sans importance pour pouvoir mener une vie un peu plus tranquille. J'ai donc posé les fondations d'une entreprise différente de celle de mon cousin, essentiellement basée sur la prédication.

Au commencement était le Verbe, et le Verbe était tourné vers Dieu, et le Verbe était Dieu.

Il était au commencement tourné vers Dieu.

Tout fut par lui, et rien de ce qui fut ne fut sans lui.

En lui était la vie, et la vie était la lumière des hommes.

Et la Lumière brille dans les ténèbres, et les ténèbres ne l'ont point saisie [Jean 1].

3

LES DOUZE

Vous me dites que vous avez, en quelque sorte, « récupéré » des disciples de Jean le Baptiste pour constituer votre équipe. Comment avez-vous procédé pour l'élargir ? Pourquoi douze collaborateurs ?

Je vous disais que la finalité de mon entreprise était la prédication. Mais laquelle ? Et sur quel thème prêcher ?

J'ai choisi d'évoquer la présence du royaume de Dieu, telle que je la ressentais auprès de mon Père dans ma prière et telle que je la vivais. J'avais cette conscience vive que « le Royaume de Dieu était déjà parmi nous », qu'il fallait en prendre conscience et agir en conséquence.

Je vivais cela dans une proximité très grande avec Lui qui fait que je l'appelais papa, *Abba* en araméen. En fait, cette conscience, présente dès l'origine, s'était affinée et affirmée au fil du temps, et elle me semblait se situer dans la ligne initiée par mon cousin Jean. Il prêchait une conversion qui passait par la reconnaissance de la présence agissante de Dieu dans notre monde. Ce Dieu très présent, il était pour moi « mon Père » d'une manière particulière, mais j'invitais mon entourage à le comprendre aussi comme un Père, fût-ce de manière différente de la mienne : en particulier à mes disciples, auxquels j'ai donc enseigné une prière commençant par « notre Père ».

J'ai commencé à prêcher sous différentes modalités mais toujours avec cette même conviction que le royaume de Dieu était déjà présent parmi nous et qu'il fallait en tenir compte dans toutes nos vies, dans nos attitudes, dans nos choix, nos orientations, etc. Certains de ceux qui avaient suivi Jean-Baptiste ont continué de me suivre et d'autres ont choisi de nous rejoindre.

Vous ont-ils suivis ou les avez-vous choisis ?

Je les ai appelés.

Comment se sont réalisés ces recrutements ?

C'est une convergence, je les ai appelés mais peut-être que, d'une certaine manière, ces hommes m'attendaient-ils.

Vous savez, c'est ce qui arrive souvent quand on a une perception d'une chose que l'on doit faire. En fait, il y a des éléments qui adviennent à certains moments pour la réalisation de cette ambition que vous avez en vous. Moi, ce n'était pas une ambition, c'était simplement le souci de réaliser la volonté de mon Père.

J'ai donc choisi douze disciples parce que cette présence du royaume de Dieu, d'une certaine manière, était déjà annoncée et présente dans l'Écriture.

Ainsi, de l'histoire de mon ancêtre Jacob. Il avait eu douze fils, lesquels se sont tous trouvés à la tête de tribus auxquelles ont été transmis des morceaux de l'unique Terre Promise. Et ce chiffre de douze est resté emblématique…

Symbolique ?

Oui, dans toute la tradition juive, et pour moi en particulier parce qu'il représente l'ensemble du peuple d'Israël. Les douze tribus, c'était donc à la fois une totalité et une infinité. Alors je me suis dit que pour prêcher le royaume de Dieu et lui donner un fondement solide, il fallait l'enraciner dans la tradition scripturaire, ancienne. Comme il y avait douze tribus, il m'a semblé légitime de retrouver douze chefs de tribus.

Il m'est venu à l'idée de choisir douze personnes parmi celles qui voulaient me suivre. Certaines se sont proposées, mais je les ai refusées. D'autres, je les ai appelées pour compléter ce que certains appelleront ensuite autour de moi le collège des Douze. Douze disciples.

Disciples ou apôtres ?

Disciples d'abord, pour « être avec moi ». Puis apôtres, ce qui signifie « envoyés ». Pourquoi apôtres ? Parce que c'est un nom qui correspond à ce je voulais vivre avec eux s'il fallait annoncer le royaume de Dieu. Je les ai envoyés prêcher la bonne parole.

Vous préférez le terme d'apôtre à celui de partenaires ou collaborateurs, commerciaux ?

Ils étaient mes collaborateurs, ils étaient aussi...

Des chefs de projet ?

Ils l'étaient, à leur manière... Et ils le demeurent toujours.

Si, aujourd'hui, ils sont rassemblés autour de moi, autour de cette table, dans cette pièce, à l'exception de Judas qui vient de me quitter, ce n'est pas un hasard. Ils sont des « accompagnateurs », mais demain, ils auront chacun une mission. En ce sens, ce sont des « chargés de mission »...

Si vous me permettez une petite critique, vous avez douze hommes, aucune femme dans votre premier cercle. Pourquoi ?

Mais c'est, justement, pour poursuivre la symbolique. Je cherchais à évoquer les douze tribus d'Israël. Il y avait douze fils de Jacob, douze fils d'Israël. J'étais donc tenu de respecter la tradition et de choisir des hommes.

Mais n'était-ce pas se priver de compétences différentes, de sensibilités complémentaires ?

Regardez autour de moi. Vous trouverez toujours ces douze hommes, mais dans le cercle un peu plus large, vous rencontrerez beaucoup de femmes qui ont joué un rôle éminent dans l'accomplissement de ma mission.

Le soutien des femmes est différent de celui que m'ont apporté les apôtres, mais c'est aussi une forme de prédication du Royaume présent. Il y avait une très bonne entente entre les disciples, les femmes, les apôtres et moi. Les femmes étaient donc nombreuses. Et même si elles sont peut-être moins connues, elles demeurent très importantes. Elles ont toujours été là, et beaucoup de ceux qui m'ont connu m'ont vu accomplir ma prédication itinérante, accompagné d'un certain nombre de femmes.

Comme Marie-Madeleine par exemple ?

Marie-Madeleine et d'autres Marie d'ailleurs ainsi que d'autres femmes, des femmes de cousins, la femme de Pierre, et même des femmes de renom, telle Suzanne, femme de Chouza, l'intendant d'Hérode. Elles n'ont pas joué le même rôle que celui des apôtres, mais elles ont assumé leur part de mission. Par rapport à ma propre mission, elles ont bien assumé leur responsabilité.

Rapidement vous avez considéré ces douze hommes comme des apôtres. Comment avez-vous fait pour les former, pour leur transmettre votre message ?

C'est comme pour l'enseignement du maître au disciple. Il se fait en premier lieu par l'*exemple*.

On montre comment on doit vivre, comment on doit agir dans telle ou telle situation. Souvent, c'est la vie qui nous enseigne, et l'exemple que nous donnons enseigne ceux qui nous entourent.

Et puis il faut mettre en place une autre dimension de l'enseignement, par la *parole*. Maintes fois j'ai réuni mes disciples autour de moi pour leur expliquer la manière dont je comprenais ma vocation, et du coup aussi un peu la leur puisqu'ils étaient chargés d'une même mission.

Je les ai instruits pour qu'ils comprennent ce qu'ils devaient ensuite transmettre à leur tour.

On avait donc des réunions entre nous, ainsi que des moments de prière qui devaient nous ramener dans l'essentiel de notre vocation.

On avait aussi des moments d'échange – c'est quelque chose qui se pratique beaucoup dans la tradition juive, en particulier dans la synagogue. On échange, on discute, il y a des controverses, comment interpréter tel ou tel passage de l'Écriture. Comme j'étais familier de cet usage, je l'ai recréé avec mes disciples. Je les ai donc formés par l'exemple et par la parole.

Sous quels critères de compétence les avez-vous choisis ? Avaient-ils des talents particuliers ? On reviendra par la suite sur cette notion de talent.

Je n'ai pas fait une véritable sélection avec une méthode, des techniques, de la rigueur...

Pourquoi les ai-je choisis et pourquoi sont-ils venus vers moi ? N'oublions pas que le choix est réciproque. Ils auraient pu considérer qu'avec la mort de Jean-Baptiste tout devait s'achever. Or, certains ont choisi de me suivre. Je crois qu'ils avaient confiance en ma parole ainsi que dans mon autorité pour traiter des sujets délicats qui constituent le cœur de notre mission.

Ils avaient l'habitude de me dire, « *tu es différent des autres, tu es différent de ce que nous écoutons, tu es différent des scribes que nous pouvons croiser, tu es différent de ces prophètes errants que nous connaissons, ta parole est différente, tu as une autorité que d'autres n'ont pas ».*

Que pouvais-je répondre à cela ? Ils sont venus autour de moi et je suis allé à leur rencontre.

Je crois en la vertu de la rencontre. Mes douze rencontres ont porté leur fruit. C'était un peu ma « garde rapprochée »...

Pourrait-on dire qu'un des secrets d'un recrutement réussi est que vous avez recruté vos collaborateurs autant qu'eux-mêmes vous ont recruté ?

C'est tout à fait cela !

Le deuxième point important pour constituer une équipe, c'est d'éviter de recruter des clones.

Ce qui fait la force d'une équipe, ce sont les différences qui existent entre ses membres et non leur similitude. Un Pierre est, par exemple, très différent d'un Judas... La mise en commun des qualités joue un rôle fondamental...

Un rôle fondamental dans sa diversité ?

Oui, dans sa diversité...

Dans son métissage ?

Oui, dans sa complémentarité...

Donc, diversité, métissage, complémentarité ?

Finalement, leur force fondamentale a été de croire en l'autorité de la parole que je proclamais et qui a été un renouveau spirituel.

Il y a eu à toutes les époques, des renouveaux spirituels. Mais ils ont cru particulièrement à la force, à l'authenticité de cette parole à partir de chemins extrêmement divers et d'expériences multiples. Ensuite, chacun a été amené à retransmettre cette parole.

À un moment d'ailleurs, je les ai envoyés deux par deux, en leur demandant de ne prendre ni bourse, ni besace, ni rien du tout. Je les ai envoyés un peu à l'aventure, pour qu'ils fassent l'expérience d'être eux-mêmes, non plus des disciples mais des maîtres à leur tour.

Vous les avez aidés à grandir en quelque sorte ?

Absolument ! Ils sont partis à l'aventure, en faisant confiance à ma parole. Cela n'a pas été une expérience de longue durée. Mais ils ont pu confronter ce qu'ils avaient reçu à la réalité du terrain.

Une fois la parole transmise, ils ont constaté que de nouveaux chemins s'ouvraient devant eux. Ensuite ils sont revenus me voir et ils m'ont dit, assez émerveillés, qu'effectivement ce fut pour eux une expérience très forte et avec des manifestations exceptionnelles. Je passerai sur ces « miracles ». En tout cas, ils ont été confortés beaucoup plus que troublés par cet envoi.

Cela m'a donné confiance pour la suite. Je me suis dit que si moi-même je devais disparaître – ce qui sera sans doute le cas bientôt... – je pouvais compter sur ces douze compagnons. Enfin... onze parce que Juda est en train de « flancher » à ce que je pressens et vois. Je pouvais compter sur eux, pour l'avenir. Ainsi la prédication de cette présence du royaume, de cet avènement du royaume, se poursuivra au-delà de moi.

La Sagesse crie par les rues, sur les places elle élève la voix ; à l'angle des carrefours, elle appelle, près des portes, dans la ville, elle prononce son discours : « Jusques à quand, ô niais, aimerez-vous la niaiserie ? Et les railleurs se plairont-ils à la raillerie ? Et les sots haïront-ils le savoir ? Convertissez-vous à mon exhortation, pour vous je vais épancher mon cœur et vous faire connaître mes paroles » [Proverbes 1, 20-23].

4

LE PROJET D'ENTREPRISE

Parlons du profil des personnes qui vous entourent. Si je me souviens bien, Jéthro, le fameux grand prêtre, père de Séphora, la femme de Moïse, avait déjà créé un profil du candidat idéal. Il a parlé d'homme capable, d'homme craignant Dieu, il a parlé d'homme ennemi de la cupidité. N'est-ce pas finalement un début de profil ?

C'est un profil humain, incontestablement, qui convient d'ailleurs à beaucoup d'entrepreneurs quels qu'ils soient. C'est un profil de grande humanité qui me convient parfaitement. Mais, dans la pratique, je n'ai pas totalement choisi les hommes qui voulaient me suivre, car ce sont eux aussi qui m'ont choisi.

Vous auriez pu les refuser ?

Ce n'est pas aussi simple. J'ai rencontré des hommes de valeur auprès de Jean le Baptiste qui ont souhaité se regrouper autour de moi. Certains sont restés. D'autres sont partis. Je n'ai pas d'archive sur les personnes « recrutées »...

Vous voulez dire que sur les douze que l'on connaît et qui vous ont accompagné une quinzaine, une vingtaine, peut-être, faisait partie du groupe initial ?

Effectivement, sur les quinze ou vingt, j'en ai mis à part douze, car ce nombre est symbolique, il représente le sens de ma mission. Celle-ci était essentiellement tournée vers le peuple d'Israël, né des douze fils de Jacob. Je voulais instaurer le royaume de Dieu à partir du peuple d'Israël. Ces douze représentaient, en quelque sorte, les douze tribus. C'étaient mes compagnons fidèles.

C'était votre premier cercle...

Oui, c'est cela. Ce choix n'a pas été simple, mais il s'est montré pertinent du fait de la complémentarité des compétences de chacun. L'avenir m'a donné raison.

Avez-vous été attentif au potentiel ou au talent de chacun ?

J'ai misé sur le potentiel plus que sur le talent.

L'exemple le plus frappant est celui de Judas qui est en train, ce soir, de me trahir. Je ne sais pas si de l'avoir choisi a été une réussite, mais jusqu'à aujourd'hui ça l'a été et donc j'ai misé sur lui.

Je devais trouver de bons prédicateurs, des hommes qui pouvaient reprendre mon message et le porter au monde entier. Voilà leur profil.

Recherchiez-vous de bons exécutants ou bien des personnes capables d'initiative, d'innovation ?

Ils sont restés à côté de moi pendant tout le temps où j'étais avec eux. J'en ai envoyé certains sur les routes, de manière un peu expérimentale, et j'ai pu me rendre compte de leur capacité à poursuivre leur mission.

Mais on peut se tromper : j'ai donc misé plus sur le potentiel que sur le talent, car ils n'avaient jamais fait de prédications. Et c'est là que certains peuvent révéler des talents insoupçonnés. Dans ce sens, je ne pense pas avoir fait le mauvais choix.

Une question naïve… Avez-vous choisi certains disciples parce qu'ils étaient meilleurs que vous dans certaines disciplines ? Par humilité, avez-vous pris le soin de vous entourer de spécialistes d'un domaine – trésorerie, argent, technique… ?

J'avais des spécialistes de la pêche… Moi, je ne suis pas pêcheur. Mais je leur ai dit, sur une intuition, d'aller pêcher à tel et tel endroit qui s'est avéré très poissonneux ! Ils ont pu alors pratiquer leur métier.

Autre exemple, je n'ai pas une connaissance économique spécifique, mais j'ai choisi Lévi (qui est aussi appelé du nom de Matthieu), car c'était un collecteur d'impôts.

Un spécialiste de l'argent ?

Je ne savais pas s'il savait le placer, s'il savait le gérer, mais je savais qu'il s'y connaissait. Cela, je le pressentais. J'ai donc choisi des collaborateurs, non pas pour un projet particulier, mais parce que je les pressentais compétents.

Aviez-vous un projet en tête ? Ou avez-vous vécu entouré, je ne dirais pas d'une bande de copains, mais dans un milieu convivial dans lequel vous étiez à l'aise ? Avez-vous envisagé un développement avec de solides collaborateurs ?

Au départ oui, je pensais devoir accomplir la mission confiée par Dieu. J'avais donc cette intention que tout cela allait réussir au mieux, compte tenu de l'importance de cette annonce. Mais, au fil du temps, je me suis rendu compte que si certains étaient attirés par mon message, beaucoup d'autres s'y sont opposés, dans la mesure où mon propos les dérangeait ; il bousculait en particulier les autorités dont je me suis longtemps tenu à l'écart.

C'est pour cela qu'au départ, j'ai d'abord délivré mon message en Galilée qui était loin de Jérusalem, éloigné des Romains. J'ai essayé de me protéger des autorités, mais je ne pouvais me protéger de tous ceux qui étaient autour de moi, qui venaient à moi.

Je me suis vite rendu compte que les choses risquaient d'empirer et qu'il était possible que mon message, que je pensais si essentiel pour le peuple, soit en définitive rejeté par lui.

Dans le groupe, dans l'équipe, y avait-il des dissidents ?

Effectivement, cette annonce que je leur répétais et qui passerait peut-être par une forme d'abandon, de reniement, de mort, etc., cette annonce a commencé à susciter beaucoup de débats entre les disciples. Et je pense que Judas, qui est en train de me trahir, est de ceux qui n'ont pas accepté le principe d'une mission qui échoue en un sens. Pourtant on doit tenter des actions quitte à ce qu'elles n'aboutissent pas comme prévu.

Si j'essaye de vous vendre un tapis, peut-être que ce n'est pas ce tapis-là que vous prendrez, mais parce que mon rôle était de vous vendre ce tapis, vous en avez choisi un autre, avec une couleur différente, à un autre prix et êtes venu l'acheter à un autre moment…

Je ne me suis jamais pensé comme un vendeur de tapis mais je prends cette métaphore pour expliquer que ma mission, telle que je l'avais initialement imaginée a pu évoluer.

Face à certains aléas, la réussite n'était pas forcément celle à laquelle je pensais. Et il a fallu donc à ce moment-là le faire savoir à mes disciples.

D'ailleurs, mon prédécesseur Jean le Baptiste a lui-même été exécuté. Pourtant, il prônait aussi un message d'amour et de paix qui aurait dû être accueilli par tout le monde. Mais il faut reconnaître que l'amour et la paix dérangent certains.

Revenons à Judas. Si vous avez senti quelque défaillance dans son comportement, pourquoi ne pas avoir pris de décision un peu forte, pourquoi ne pas l'avoir réprimandé, voire licencié ?

Judas, je ne l'ai vraiment senti complètement désarçonné que tout récemment. Il a toujours été l'un de mes fidèles disciples, et ce n'est que vers la fin qu'il a basculé.

Mais les dés étaient jetés, le succès de mon entreprise était compromis, et je ne pouvais pas mettre de côté Judas qui faisait partie des 12 et qui avait sa place lui aussi.

Si je vous comprends bien, à court terme, votre projet a eu des difficultés à passer. Mais ce projet, que l'on va appeler « projet d'entreprise », l'avez-vous écrit ? Était-il dans votre tête ? Faisait-il partie d'une tradition orale ? Bref, comment avez-vous conçu ce projet ?

L'idée du royaume est ancienne. Il s'agit de la tradition du peuple d'Israël, inaugurée par David et Salomon, et reprise ensuite par d'autres.

C'était l'idée que la meilleure manière de gérer un peuple, consistait à avoir un roi, une sorte de lieutenant (« tenant lieu de »...). Il fallait une figure, à la fois humaine et divine.

Ce personnage est apparu dans le passé du peuple d'Israël sous un aspect plus humain que divin, et cette figure a fini par disparaître sous le coup de boutoir des envahisseurs étrangers...

Quand j'ai repris l'idée du royaume de Dieu qui était parmi nous, de son règne, je retrouvais quelque chose de cette tradition du peuple d'Israël : l'attente d'un Messie, autrement dit d'un Oint d'ascendance royale ou sacerdotale. Mais j'ai déçu cette attente qui ne correspondait pas, sous cette forme, à ma mission.

L'ambiguïté vient du fait que le peuple attendait un Messie qui devait restaurer Israël dans toute sa puissance, qui devait écarter l'envahisseur romain. Or je n'ai jamais prétendu incarner ce type de personnage, ce roi. Beaucoup se sont trompés sur ma personne, ils voulaient faire de moi un roi... mais j'étais dans une ligne à la fois proche et tout à fait différente...

On voulait faire de vous un chef ?

On peut le dire comme cela... un chef, un leader comme il y en a eu d'autres avant moi...

Et vous ne vouliez pas être le chef ou le leader ?

Je voulais être celui qui inspire, oui celui qui insuffle une manière d'être.

Je ne peux pas mieux dire car j'ai été principalement un enseignant, quelqu'un qui essayait de persuader ses auditeurs de l'importance de telle ou telle manière d'être, de se comporter dans la vie pour que ce royaume advienne.

C'est donc l'exemplarité qui est votre principale valeur ?

Absolument. C'est cette valeur que j'ai transmise à mes disciples au tout début de ma vie publique. Il s'agissait d'un certain nombre d'enseignements donnés sous forme de *béatitudes*. Ces orientations commencent toujours par le mot « bienheureux » ! Cela aussi est une tradition juive, je n'ai rien inventé à ce niveau-là, mais je leur ai transmis mon interprétation : bienheureux les pauvres, bienheureux les doux, bienheureux les pacifiques, alors même que dans notre environnement, on va plutôt faire l'éloge de ceux qui sont forts et puissants.

J'ai bousculé les idées reçues, j'ai renversé les « échelles de valeurs ».

Au début, ce message a été bien accueilli, parce qu'il était nouveau et qu'il tranchait avec celui que l'on avait coutume d'entendre. C'est toujours stimulant d'avoir quelqu'un qui propose quelque chose de nouveau.

C'est paradoxal ce que vous dites, parce que d'un côté vous affirmez que votre projet d'entreprise s'inscrit dans une lignée historique, mais d'un autre côté, vous le présentez comme un projet quasiment révolutionnaire !

Oui, c'est ce qui pour moi manifeste la dimension à la fois humaine et divine du projet. Et c'est essentiel à mon enseignement qui est en fait un renversement des situations humaines. Parce que, finalement, l'homme livré à lui-même peut faire de grandes choses mais ne peut pas changer le monde. En revanche, l'homme de Dieu, lui, peut le faire. Nous avons les exemples de nos prophètes, dans nos traditions juives.

Jean-Baptiste était considéré comme l'un d'entre eux, l'un des plus grands même. Il possédait la volonté de changer le monde, mais avec des moyens qui lui étaient personnels. Jean-Baptiste vivait dans le désert, se nourrissait de sauterelles et de miel, était vêtu de peaux de bête, et n'était pas vraiment présentable. Mais lorsque je l'ai rencontré, c'est sa personnalité radicale, combien différente de ce que je connaissais autour de moi, qui m'a poussé à le suivre et à comprendre ses actions. Très souvent, dans la tradition ancienne, les prophètes étaient des gens de cour, qui vivaient auprès du roi. Tout le contraire de Jean-Baptiste qui m'a séduit par son comportement transgressif.

Ainsi, vous réaffirmez que votre valeur principale c'est l'exemplarité, complétée d'une notion d'humilité, en privilégiant les bienheureux, les pauvres, les plus démunis...

Vous êtes très habile, car vous vous positionnez humble vis-à-vis d'autres gens humbles. Le contraire aurait été plus difficile : « Je suis le plus fort et je recherche la compagnie des plus forts. » Est-ce là votre technique ?

Non. J'ai toujours pensé que Dieu voulait sauver le monde, non par la puissance ou par la force, mais par la faiblesse et l'humilité.

C'est ainsi que je comprends son message dans la Bible, dans la Torah. J'ai suivi ses préceptes. Je ne l'ai pas fait par calcul. Je l'ai fait parce que ma conviction profonde est que le monde ne peut se sauver lui-même, que les choses n'iront mieux que dans la mesure où l'on accepte cette dimension d'humilité, de renoncement, qui change les choses et les personnes parce qu'elle est inspirée par Dieu. Voilà ce qui constitue une véritable révolution. Les autres discours ne me conviennent pas. Il ne s'agit pas de calcul, mais de conviction.

Heureux l'homme qui ne suit pas le conseil des impies, ni dans la voie des égarés ne s'arrête, ni au siège des rieurs ne s'assied, mais se plaît dans la loi du Seigneur, mais murmure sa loi jour et nuit !

Il est comme un arbre planté auprès des cours d'eau ; celui-là portera du fruit en son temps et jamais son feuillage ne sèche ; tout ce qu'il fait réussi : rien de tel pour les impies, rien de tel ! Mais ils sont comme la bale qu'emporte le vent.

Ainsi, les impies ne tiendront pas au Jugement, ni les égarés, à l'assemblée des justes. Car le Seigneur connaît la voie des justes, mais la voie des impies se perd [Psaume 1].

5

PARDON, ASSERTIVITÉ, BIENVEILLANCE

Comment parlez-vous de l'argent à vos disciples ?

Vous savez, même les plus belles constructions peuvent être effacées par un tremblement de terre…

Un jour, j'ai pris l'image d'un intendant qui avait amassé une grande fortune et qui, du coup, était constamment en train de se demander comment il pouvait l'augmenter encore. Car le risque, lorsque vous êtes riche, c'est de toujours vouloir augmenter votre richesse au lieu de la partager…

Ce que vous avez énoncé dans une autre parabole, celle des talents, sur laquelle nous reviendrons. Mais vous avez aussi valorisé le serviteur qui a fait fructifier de l'argent… ?

C'est vrai. Mais je n'ai pas dit que c'était pour lui…

Prenons l'exemple de cet intendant qui possède des greniers pleins et qui pense à en augmenter le nombre et la taille parce qu'il estime qu'ils sont trop modestes pour sa fortune.

Mais si demain Dieu le rappelle à lui, que se passera-t-il ? Tout ce qu'il aura amassé n'aura servi à rien en ce qui le concerne. Je ne suis pas pour un refus d'amasser et de faire fructifier un certain capital ; mais je pose la question de la destination de cet argent.

Le problème réside donc dans l'utilisation de l'argent ?

Vous avez évoqué cette fameuse parabole des talents qui peut étonner, il est vrai. Voici un maître qui part en voyage et qui remet à ses serviteurs 10 talents au premier, 5 talents au deuxième et 1 talent au troisième

À son retour, il leur demande combien ces sommes ont rapporté. Le serviteur qui avait reçu 10 talents lui en rend 20 et est félicité. Celui qui avait reçu 5 talents lui en rend 10 et est félicité. Mais celui qui avait reçu 1 talent ne fait que rendre le talent reçu, sans l'avoir fait fructifier...

Ce n'était déjà pas si mal...

Oui, en un sens, mais il n'a pas travaillé à mon entreprise.

Il a voulu peut-être faire preuve de prudence…

Il a été plus que prudent… Il a eu peur de moi, en vérité. Il n'a fait que cacher cette pièce de monnaie… Il aurait pu la déposer à la banque mais il l'a enfouie. Ce qui montre qu'il n'a pas travaillé pour moi. Il a eu peur de moi.

Peut-être que vous ne lui avez pas inspiré confiance ?

C'est ce que j'ai dit. Il a eu peur de ma prédication, de mes orientations… Je ne pouvais donc pas le féliciter.

Mais vous avez valorisé ceux qui avaient gagné dix et cinq talents parce que c'était pour le bien public ?

Absolument. Pour le bien commun. Ce n'était pas pour eux. La meilleure preuve, c'est qu'ils m'ont remis non seulement le surplus, mais aussi l'argent donné initialement.

Ainsi la valeur de pauvreté, de travail « à l'économie » est importante pour vous ?

Je ne sais pas si je dirais « travail à l'économie », mais la pauvreté, pour moi, c'est aussi synonyme d'abandon, de confiance en Dieu.

C'est le contraire de l'avidité pourrait-on dire ?

Je fais confiance à la providence divine, laquelle m'a toujours assisté depuis que je suis né. Mes parents m'avaient appris d'emblée à entrer dans cette confiance. J'ai donc choisi de les suivre sur ce terrain et de m'y abandonner totalement.

Vous prônez, j'imagine, le pardon comme valeur.

Oui.

Et l'une de vos paraboles parle du pardon – le retour de l'enfant prodigue – puisque vous pardonnez à celui qui part...

Et qui a tout dilapidé !

Il dilapide tout, il revient et le Père lui pardonne. Mais quel manque d'équité par rapport à l'autre enfant qui, lui, est resté sagement et fidèlement à la maison, qui a bossé comme un dingue j'imagine, et qui voit revenir un « concurrent »

Qui est aussi son frère...

Certes, mais qui a fait les quatre cents coups. Et on ne le réprimande même pas. Ce n'est vraiment pas très équitable…

C'est tout à fait équitable et je vais vous dire pourquoi.

Du reste, la manière dont vous présentez la situation est intéressante, parce que c'est exactement la manière dont on peut la comprendre dans un premier temps.

En présentant la situation en ces termes, ma volonté était de provoquer une véritable réflexion. Prenons la réaction du frère aîné qui est resté sagement à la maison et qui dit à son père : « Quand même, tu n'as jamais rien fait pour moi. » Son père lui répond, avec juste raison : « Tout ce qui est à moi est à toi. » Le fils qui est parti, lui, s'est mis à manquer. Le fils aîné, qui est resté, ne manquait de rien, il disposait de tous les biens, même s'il a choisi d'en faire un autre usage.

Et c'est ce que je veux faire remarquer. Lorsque le fils prodigue est parti, il rentre en lui-même. C'est comme cela que je dis les choses dans la parabole. Il s'interroge et se dit : « Mais finalement, est-ce que je n'étais pas beaucoup mieux lorsque j'étais chez mon père ? » Ce qui veut dire qu'il ressent maintenant combien cette présence auprès de son père était pour lui un bénéfice.

Le fils aîné aurait pu avoir exactement les mêmes dispositions et dire : « Finalement, je n'ai rien perdu par rapport à mon jeune frère. Je suis là chez mon père, et je bénéficie de sa présence, et de sa présence aimante. » Donc, que manifeste le frère aîné ? Pas un manque, car il a tout ce qu'offre son père. En revanche, il manifeste de la jalousie.

Mais la jalousie est suscitée par un manque d'équité...

Non, parce qu'encore une fois, il a tout. Le fils aîné aurait pu parfaitement demander à son père quoi que ce soit et son père l'aurait fait.

Mais pourquoi le père ne réprimande pas le fils qui revient ? La « morale » est bafouée...

Pas du tout. J'évoque, par cette parabole, que le retour vers le père est toujours possible. Que l'entrée dans son royaume que je prêche est toujours possible, qu'elle n'est pas réservée à ceux qui sont les mieux côtés, les mieux placés.

Le frère aîné, en fait, est celui qui est le mieux côté. Être l'aîné est un privilège dans notre tradition juive. En tant qu'aîné, il a tout ce qu'il lui faut. Il lui suffit d'oser le demander à son père... et il ne le fait pas !

Ce qui est intéressant dans la parabole, c'est que le père vient à sa rencontre et lui dit : « C'est aussi pour toi tout ça. » Donc, il était très important que je montre que rien ne peut nous séparer de l'amour de Dieu. Même pas les pires excès, même pas les situations les plus complexes où on pourrait penser qu'une condamnation serait définitive. Il n'existe pas de condamnation définitive. C'est l'essence même de ce royaume que je suis venu présenter au peuple Israël.

Le pardon est donc une technique de management intéressante ?

Je ne sais pas si le pardon est une technique de management, mais cette dimension est essentielle pour qu'une cause puisse perdurer. Si je ne suis pas capable de pardonner à ceux qui m'entourent, à mes collaborateurs, à ceux qui travaillent avec moi, l'entreprise que je mène est condamnée à l'échec, parce qu'il y aura inévitablement des erreurs et éventuellement des reniements.

Mais même le reniement n'est pas une cause. Je me dis que tous ne peuvent pas me renier au pire moment. Ces disciples m'ont été si fidèles et m'ont si bien entouré…

Un moment, j'ai eu une altercation avec Pierre. C'était dans le nord de la Galilée. Je lui ai dit : « Tu sais, ça ne se passera peut-être pas comme je l'avais envisagé. Les choses seront sans doute difficiles et douloureuses. » Alors Pierre m'a dit : « Non cela ne t'arrivera pas. » Et là, je lui ai répondu : « Tes pensées ne sont pas les pensées de Dieu. Tes pensées sont toutes humaines. » J'ai été assez virulent. Je lui ai dit : « Passe derrière moi Satan. » J'ai donc eu des moments difficiles. Mais je comprends Pierre, c'est quelqu'un de...

C'est quelqu'un de sympa ! Il a voulu vous témoigner sa confiance.

Oui, c'est cela, et puis il est très dévoué. Il a un côté primesautier. Il va dire spontanément les choses. Mais il est important de montrer que même si on n'est pas d'accord et si on est prêt à me renier, il y a toujours la possibilité de revenir prendre place dans cette mission que je considérais être la mienne.

Vous avez parfois des comportements un peu paradoxaux, parce que d'un côté il y a le pardon du fils prodigue, et de l'autre, quand vous avez des gens qui font un business classique dans le Temple, vous les chassez. Pourtant, c'est leur travail de faire du business. Pourquoi les avoir chassés ? Pourquoi ne les comprenez-vous pas ? Pourquoi cet énervement ?

Dans une entreprise comme la mienne, avec une mission reçue de Dieu, il est important d'être bien orienté vers ses objectifs. Encore une fois, il peut y avoir des échecs, mais il est essentiel de garder précieusement ses objectifs en tête.

L'un d'entre eux, entre autres, est l'établissement d'une paix durable sur notre terre grâce à toutes ces attitudes que j'ai évoquées. L'une des caractéristiques de ce royaume, c'est que justement, il est le royaume *de Dieu*. Ce n'est pas le royaume des comportements humains seulement, c'est celui dans lequel on agit le plus divinement possible. Dans le Temple, qui est encore debout à l'heure où je vous parle, il y a un domaine qui est celui de Dieu. Non pas le domaine des dieux mais de Dieu.

Un domaine sacré ?

Oui, absolument sacré. Un lieu qui veut représenter le summum de la présence divine. Et il est censé du coup diffuser un peu de sa sainteté autour de lui. Nous avons des traditions très rigoureuses dans notre tradition qui règlent l'accès à ce domaine. Ainsi en est-il pour l'endroit du Temple réservé au seul grand prêtre une fois par an, et qu'on appelle le « saint des saints ».

Notre tradition demande qu'on offre des sacrifices régulièrement – non pas humains (grâce à Dieu, si je peux dire...) : des sacrifices d'animaux, ainsi que des offrandes végétales. Et il y a des espaces pour cela, car quand il s'agit de sacrifice d'animaux, il faut découper la viande, le sang dégouline et l'odeur est repoussante...

Vous savez, l'humain est toujours là, il cherche à occuper le maximum de place aux dépens parfois du divin. C'est ce que j'ai constaté : un certain nombre de marchands et de changeurs empiétaient sur un emplacement qui n'était pas le leur, ils tendaient à occuper l'espace réservé à Dieu. J'ai donc voulu leur rappeler qu'il y avait un espace pour Dieu seul, et que c'est lui qui nous appelait et qu'il était important de le respecter.

En quelque sorte, il y avait un hors-jeu ?

Absolument !

Vous avez voulu faire respecter les règles. Mais on peut les faire respecter sans forcément s'énerver...

Certes...

En expliquant, par exemple. Pourquoi ne l'avez-vous pas fait ?

À cette époque, je n'étais rien. J'étais peu connu. Je ne disposais d'aucune autorité. J'étais simplement ce que je savais être, un envoyé de Dieu. Et dans ce cadre-là, j'ai fait un peu comme ce qu'ont fait d'autres prophètes dans les temps anciens. J'ai posé ce que l'on appelle un « geste prophétique ». Ces gestes sont spontanés, ils sont à l'emporte-pièce...

Trop c'est trop ?

Voilà ! Et cette fois-là, c'était trop. Il fallait que cela explose. Je devais rappeler quelles étaient les prescriptions qui étaient attachées à ce lieu, en particulier la pureté.

Ce comportement vis-à-vis de ces commerçants, l'avez-vous eu aussi par rapport à vos équipiers pour leur montrer que, dans certains cas, il ne fallait pas exagérer ? Et que vous étiez là pour faire respecter les règles...

Sachez que dans un geste prophétique, vous parlez à ceux qui vous entourent mais aussi à ceux qui sont plus loin. Il s'agit d'un élan spontané, un geste qui est destiné à marquer effectivement les esprits. Il est généralement assez spectaculaire. Nous avons beaucoup d'exemples de gestes prophétiques dans la Bible, chez les prophètes bien sûr, et chez Jérémie en particulier. Il faut parfois savoir marquer fortement les esprits.

Effectivement ce comportement assertif a surpris plus d'une personne, dont moi-même... J'ai été d'autant plus surpris que je vous vois très bienveillant vis-à-vis des autres... Vous êtes tourné vers les gens, particulièrement ceux qui sont dans une situation personnelle ou sociale méprisée – les femmes (et plus particulièrement les veuves), les malades, les lépreux, les étrangers ou les collecteurs de l'impôt romain... En général, vous êtes très bienveillant par rapport à ces gens-là. Vous me confirmez que la bienveillance vous caractérise ?

Oui, car c'est l'essence même de ma mission. C'est la manifestation de cet amour de Dieu pour tous et qui n'exclut personne. C'est pour cela, qu'auparavant, j'ai évoqué le pardon. Il est donc important de le manifester dans nos vies. J'ai pour mission de rassembler et de rappeler que le royaume de Dieu n'est pas réservé à quelques-uns et encore moins à une élite. Je ne pouvais que travailler à inclure le maximum de personnes et surtout celles qui sont marginalisées et rejetées.

Rassembler ce qui est épars...

Rassembler, oui. Vous pouvez appeler cela de la bienveillance. Pour moi, il s'agit d'amour, cet amour qui est caractéristique de ce royaume que j'annonce. Il est donc important que je le manifeste de différentes manières. En vérité, je vous le dis, ce n'est pas de la mollesse pour autant. C'est vrai que je suis capable d'emportement, mais, parce que l'amour, le véritable amour, n'est jamais mou. Ou alors vous n'aimez pas vraiment... Je ne voulais pas exclure les marchands du temple. Je voulais clairement manifester qu'ils avaient dépassé les bornes, c'est tout.

Il est vrai que votre projet d'entreprise est de rassembler les plus faibles, comme les lépreux ou la femme infidèle...

Dans un projet, il ne faut pas penser uniquement à ceux qui sont les plus proches de vous. Il est fondamental de répéter que l'amour de Dieu, celui que je porte en moi, est universel. Je veux être le parfait messager, l'apôtre, du fait de ma proximité et de mon intimité avec Dieu. Dans ces conditions, je voulais montrer que Dieu aime tout le monde et les petits en particulier, ceux qu'on ne remarque pas et qu'on ne voit pas.

Les petites gens ne sont-ils pas les plus faciles à convaincre ? Peut-être que les plus riches et les plus éduqués sont plus exigeants, plus difficiles à convaincre ?

Votre remarque est juste. Il y avait autour de moi des gens venant de milieux très aisés, mais ce n'était pas la majorité. Il y avait énormément de gens simples. Et quand je parle de gens simples, je ne les considère pas comme de petites gens. C'étaient des gens de la campagne, pas vraiment fortunés. Encore que Jean, le fils de Zébédée, avait une petite flottille qu'il faisait vivre avec son père. Il ne criait pas famine chaque jour. En fait, il y avait une grande diversité autour de moi comme autour de Jean-Baptiste. Et j'ai convaincu ceux qui attendaient quelque chose. Si vous n'attendez rien, je n'ai rien à vous proposer, je n'ai rien à vous dire.

Il faut que les gens soient prêts, c'est ça ?

Il faut qu'il y ait quelque chose qu'ils portent en eux, une attente. Certains attendaient le Messie. D'autres attendaient plus de justice, plus de paix.

Je pense que les gens ont besoin de reconnaissance et ne veulent pas être traités comme des pions...

Effectivement, certains peuvent attendre de la reconnaissance. Ces différentes formes d'attentes dépassent le clivage pauvres/riches. Il y a des riches qui n'ont pas d'attente parce qu'ils pensent tout avoir. Il y a des pauvres qui n'ont pas d'attente parce qu'ils sont désespérés. J'étais présent pour ceux porteurs d'une attente, quelle qu'elle soit.

Je vous sens très assertif, il me semble que l'assertivité est pour vous une valeur importante : quand c'est bien, vous le dites, et quand c'est mal vous le dites aussi. Vous n'avez pas la langue de bois. Vous parlez vrai. C'est une de vos caractéristiques. Mais cela ne va-t-il pas heurter les autres ?

Sans doute. Ce parler vrai peut s'apparenter à de l'autorité. Notre mot grec est explicite : l'*exousia*. Étymologiquement, c'est ce qui sort de l'essence, disons de l'être profond. C'est une autorité. C'est ce qui se manifeste. Et vous savez, les prophètes de cour n'ont pas cette autorité-là. Ils répètent d'abord ce qu'on leur demande de dire. Ils sont au service du roi et c'est ce qui leur est souvent reproché ; ils ne sont que des porte-parole serviles de la pensée du roi.

C'est une remarque très assertive !

À l'opposé, ce qui caractérisait Jean-Baptiste, c'était sa parole de feu. C'était son autorité. Et s'il m'a reconnu, c'était aussi pour l'autorité de ma parole.

Bien sûr, cette autorité heurte inévitablement, car le monde a toujours fait preuve d'une prudence qui confine au silence coupable. On n'ose pas dire les choses. Mais cela n'aide pas nécessairement ceux qui nous entourent. Il y a des moments où il faut savoir dire, il faut savoir parler. Dans la Bible, on dit que Dieu a créé le monde par sa parole. Il fallait que cela soit une parole assertive pour qu'il puisse tout créer. « Dieu dit et cela est. » Voilà comment cela est rapporté dans le livre de la Genèse. Alors, que voulez-vous, c'est l'essence même de la parole de Dieu, elle fait ce qu'elle dit, elle dit ce qu'elle fait. Et, je crois que c'est un atout pour ceux qui arrivent à l'accueillir, à l'écouter. Cela perturbe les adeptes du flou...

Les adeptes du langage diplomatique ?

Oui, et un tel langage ne fait pas avancer le royaume de Dieu ! Le règne de Dieu, c'est une exigence forte de conversion, de rapprochement avec les autres. Ça bouscule, ça oblige à sortir de soi, c'est un fruit de l'*exousia*. Je crois que c'est cela qui peut changer le monde.

Vous citez souvent Jean-Baptiste, apparemment c'est un de vos modèles. Est-ce que vous avez d'autres modèles ? Est-ce que Noé, Moïse, Abraham sont des modèles pour vous ?

Je cite Jean-Baptiste, parce que c'est celui qui m'a initié en quelque sorte. Il m'a formé. Oui, on peut dire que c'est un modèle.

Moïse c'est le modèle du législateur. Il avait en plus une qualité que la Bible lui reconnaît, celle de parler à Dieu face à face. Parler à Dieu face à face est impossible parce qu'on n'est pas capable de supporter la lumière divine. Elle est trop forte et risque de nous éblouir. On disait de Moïse qu'il avait un visage tellement rayonnant après avoir rencontré Dieu, qu'il était obligé de mettre un voile sur son visage.

David est la figure du roi. Il m'a principalement marqué par ses Psaumes. La Bible nous offre de nombreuses prières écrites par lui. Ce sont des textes remarquables, et comme je suis un pratiquant régulier j'ai été fortement imprégné par les Psaumes.

Noé aussi m'a fortement influencé. Il a joué un rôle important dans ma vie. C'était un prophète.

Élie le prophète m'a beaucoup inspiré. Il a eu une destinée étrange : il fut emporté par un char de feu devant son compagnon. Il a presque pu voir Dieu face à face. C'était un personnage qui avait une autorité singulière. Il pouvait annoncer la pluie ou le beau temps et sa parole avait du poids.

Élie était une « grande gueule » ?

Il était d'abord un prophète reconnu, On avait un peu peur de lui à la cour parce qu'on savait qu'il était intransigeant. C'était un peu un Jean-Baptiste avant l'heure. Et de fait, Jean-Baptiste a repris à travers sa prédication et sa manière d'être, beaucoup éléments de la personnalité d'Élie.

Faisons l'éloge des hommes illustres, de nos ancêtres dans leur ordre de succession. Le Seigneur a créé à profusion la gloire, et montré sa grandeur depuis les temps anciens [...].

Voici des hommes de bien dont les bienfaits n'ont pas été oubliés. Dans leur descendance ils trouvent un riche héritage, leur postérité. Leur descendance reste fidèle aux commandements et aussi, grâce à eux, leurs enfants. Leur descendance demeurera à jamais, leur gloire ne ternira point. Leurs corps ont été ensevelis dans la paix et leur nom est vivant pour des générations. Les peuples proclameront leur sagesse, l'assemblée célébrera leurs louanges.

Hénok plut au Seigneur et fut enlevé, exemple pour la conversion des générations.

Noé fut trouvé parfaitement juste, au temps de la colère il fut le surgeon grâce à lui un reste demeura à la terre lorsque se produisit le déluge. Des alliances éternelles furent établies en lui, afin qu'aucune chair ne fût plus anéantie par le déluge.

Abraham, ancêtre célèbre d'une multitude de nations, nul ne lui fut égal en gloire. Il observa la loi du Très-Haut et fit une alliance avec lui. Dans sa chair il établit cette alliance et au jour de l'épreuve il fut trouvé fidèle. C'est pourquoi Dieu lui promit par serment de bénir toutes les nations en sa descendance, de la multiplier comme la poussière de la terre et d'exalter sa postérité comme les étoiles, de leur donner le pays en héritage, d'une mer à l'autre, depuis le Fleuve jusqu'aux extrémités de la terre [Ecclésiastique 44, 1-2.10-21].

6

LA FORMATION
DES COLLABORATEURS

Abordons maintenant la formation de votre équipe. Aviez-vous des lieux privilégiés pour former vos collaborateurs : une synagogue, en marchant, sur une barque, sur une montagne… ?

Il y a, tout d'abord, la formation dans un lieu de prière, le Temple pour ceux qui résident à Jérusalem et dans sa région, la synagogue partout ailleurs. C'est le lieu où on apprend à lire et à écrire à partir des textes sacrés.

C'est la salle de formation ?

Effectivement, il s'agit d'une véritable salle de classe, car la synagogue n'est pas tellement un lieu de culte. Le lieu du culte, c'est le Temple.

Mais quelle différence existe-t-il entre la synagogue et le Temple ?

Le Temple, c'est celui de Jérusalem. N'oublions pas qu'il y a eu plusieurs temples dans les temps anciens. La réunification s'est réalisée autour du Temple à l'époque du roi Josias puis, plus tard, autour de ce même Temple reconstruit par Hérode.

Il s'agit du lieu où tout le monde était censé faire trois pèlerinages à l'année. C'est le principal lieu de rencontre avec Dieu. Et comme tout le monde ne pouvait pas faire ces pèlerinages, la tradition Juive a suscité différents endroits, des salles de prière, d'échange, de rencontre en quelque sorte. On les a appelées synagogues, ce qui veut dire « lieu de rassemblement ». Et elles sont devenues des lieux de formation pour tous.

Donc le Temple, c'est le lieu de culte et la synagogue c'est un lieu de formation, pour faire simple ?

C'est cela. Je disposais à Nazareth et à Capharnaüm de deux synagogues où on écoutait la Parole de Dieu et où on la commentait. C'est là où les enfants apprennent également à lire. J'ai annoncé mon message dans les synagogues de Nazareth, de Capharnaüm et dans bien d'autres villes. J'étais un prédicateur itinérant. Mais j'étais surtout sur la route et je prêchais à l'extérieur également. Pas nécessairement dans une synagogue.

Sur une montagne, par exemple ?

Oui. Je choisissais des lieux permettant de rassembler une foule importante. Imaginez-vous qu'il m'est arrivé de rassembler plusieurs centaines de personnes. Grâce à ces lieux de plein air, je pouvais proposer aisément mon interprétation de la Parole de Dieu, et annoncer la présence du royaume de Dieu. De plus, la montagne représente un symbole fort dans notre tradition juive, car Dieu se manifeste souvent sur une montagne…

Plus près du ciel ?

Oui, comme sur le mont Thabor avec mes disciples… où j'ai vécu, devant eux, ma transfiguration : mes vêtements sont devenus éclatants. Mais je prêchais aussi au bord de mer, car certains de mes disciples étaient des pêcheurs. C'était un lieu qu'ils connaissaient bien, où on pouvait rencontrer du monde aussi et où ils pouvaient me mettre en contact avec d'autres personnes. C'est ainsi que j'ai enseigné sur le bord du lac de Tibériade, parce que c'était plus facile aussi pour parler, parfois sur une barque au bord du lac. C'était une manière simple de me trouver face à mon public, un peu comme dans un amphithéâtre.

Vous profitiez de toutes les opportunités pour pouvoir enseigner. Mais êtes-vous sûr que le message passait bien ? Quelle technique avez-vous utilisée pour contrôler la réception du message et sa compréhension ?

Cette question m'a poursuivi toute ma vie. Je suis venu sur terre pour délivrer un message.

C'était mon entreprise, un message spirituel destiné à rassembler les gens avec un projet de vie nouveau, et ce message, je le redis, portait sur le thème du royaume. Mais, pour certains de mes interlocuteurs, le mot « royaume » était source d'incompréhension et d'ambiguïté, car pour eux, le royaume, c'était celui qu'ils avaient connu dans l'ancien temps avec le Roi David, le Roi Salomon, etc.

La vie terrestre ?

Oui, un royaume terrestre. Ainsi, quand ils ont entendu parler de royaume, il n'était, pour eux, compréhensible que sur un plan terrestre et, à plusieurs reprises, les gens qui étaient témoins de mon enseignement, voire de mes miracles ou de tout ce que j'ai pu faire, ont voulu faire de moi un roi.

Pour autant, je n'étais pas le seul spécialiste des miracles. Il y avait d'autres thaumaturges, comme on dit en grec... En fait, grâce à ma parole et à mes actes, un certain nombre de gens ont voulu me faire Roi à plusieurs reprises, y compris tout récemment, quand je suis venu avec mes disciples à Jérusalem avant ce repas que je viens de prendre avec eux. Ils m'ont réservé un accueil royal, en agitant des palmes, en criant Hosanna, etc.

Il y a eu une véritable méprise. Et cette méprise ne concernait pas uniquement ceux qui venaient de loin. Mes disciples, également, se sont trompés.

Pourtant, la formation que je leur ai donnée portait beaucoup sur cette question-là : leur faire comprendre que mon message ne concernait pas une royauté terrestre. Il fallait qu'ils changent complètement de point de vue, et ils n'y sont pas toujours parvenus. Longtemps Pierre lui-même s'est trompé.

Quel était le but ? Améliorer l'existant, avoir un projet d'entreprise et tout faire pour le réaliser ?

Il y a deux manières d'agir dans la vie : soit on impose quelque chose aux autres et on va chercher à les « embrigader » pour parvenir à un but précis. Soit on part de l'intérieur d'eux-mêmes, pour les faire converger vers un but commun, sachant que l'intérêt est partagé. C'est la solution que je privilégie, même si elle est beaucoup plus longue et plus difficile…

C'est l'élévation de la conscience en quelque sorte ?

Oui, il faut leur montrer qu'il existe une autre voie que celle de la contrainte : je préfère qu'ils agissent pour réaliser des objectifs bien définis avec des obligations de réussite, avec des sollicitations et des récompenses, éventuellement. Cela dit, ces récompenses, n'étaient pas celles auxquelles ils s'attendaient.

Des récompenses célestes ?

Célestes, oui. Mais ce n'était pas la première place dans le nouveau royaume d'Israël. Même la mère de Jean et Jacques, mes deux disciples, m'a sollicité pour savoir si ses fils allaient obtenir le premier rang dans le royaume que j'annonçais... Quelle erreur, quelle méprise... Il faudra, peut-être, attendre ma mort pour mieux comprendre mon message.

En fait, votre formation, ce n'est pas la simple transmission d'une technique ou d'un savoir-faire, mais plus une aide pour réfléchir et assimiler ce que vous dites ? Les aider à grandir et non pas appliquer « bêtement » ce que vous enseignez.

Je n'avais pas de véritable stratégie consistant à les inciter à atteindre tel objectif à tel moment. Car il y a toujours du découragement si on n'arrive pas à atteindre des objectifs. Je préfère l'explication, la persuasion... mais pour ce faire, il faut intérioriser le projet et non utiliser des outils pour réaliser des objectifs...

Est-ce que pour vous la formation est une technique, une philosophie, une morale, une théologie ou bien autre chose ?

La formation regroupe l'ensemble de ces concepts. Il y a, tout d'abord, l'acquisition de fondamentaux : il faut apprendre à lire et à écrire. Lire les textes sacrés est important mais il faut savoir les interpréter. On passe alors du savoir à la connaissance… Il me revient de leur transmettre ma clé d'interprétation. C'est ce que l'on peut appeler la théologie, une parole sur Dieu qui est, en fait, une parole interprétative.

La formation concerne également une philosophie de la vie : toujours se tourner vers l'autre, vers ce qu'on peut lui apporter et en aucun cas faire l'inverse. On pourrait croire que je leur apporte une certaine sagesse, mais celle-ci existe dans l'Écriture, telle qu'ils l'ont reçue. Mon mode de formation est donc une combinaison de différents éléments leur permettant de vivre par eux-mêmes et de vivre avec ceux qui les entourent une vie la plus paisible et la plus fructueuse possible.

Ne vous amassez point de trésors sur la terre, où la mite et le ver consument, où les voleurs percent et cambriolent. Mais amassez-vous des trésors dans le ciel : là, point de mite ni de ver qui consument, point de voleurs qui perforent et cambriolent. Car où est ton trésor, là sera aussi ton cœur [Matthieu 6, 19-21].

7

LE STYLE D'ANIMATION

Quel est votre style d'animation ? Il m'a l'air bienveillant. Vous n'imposez rien, vous servez vos disciples, vous leur lavez même les pieds…

C'est là l'essentiel de mon message. Cela correspond effectivement au « produit » que je suis venu annoncer : la présence du Royaume de Dieu vécu dans l'amour des autres. Je suis *congruent* car je vis ce que je propose.

Mes paroles et mes actes représentent un message de salut, de paix, de bienveillance, d'attention aux autres, de partage. Il est donc essentiel d'illustrer mes propos par mon comportement.

Mais laver les pieds de quelqu'un, n'est-ce pas un acte révolutionnaire ?

Chez nous, quand quelqu'un fait un voyage, il est accueilli par le maître de maison. Et généralement un serviteur lui lave les mains. Laver les pieds, est un acte encore plus fort : c'est se mettre aux pieds de quelqu'un. Je l'ai donc fait pour mes disciples parce que, symboliquement, le geste est très visuel et manifeste une forme d'abaissement qui marque les esprits. Je vous ai dit que certains – même parmi mes disciples – souhaitaient bénéficier d'une position dominante dans mon Royaume. En leur lavant les pieds, en me mettant à leurs pieds, je leur ai manifesté que cette domination devait être complètement renversée. Au lieu de se mettre à la tête, on devra se mettre aux pieds. Il s'agit d'un appel au service des autres, de ses frères. Alors évidemment, dans un premier temps, mon cher Pierre a été choqué...

Il n'a pas compris ?

Ce n'était pas la position qu'il souhaitait me voir tenir.

Mais s'agissait-il d'une ruse de votre part ?

Non. Cela fait partie de mon enseignement, et un enseignement n'est jamais une ruse. C'est l'approfondissement du message que j'essaie de leur transmettre. J'ai tenté d'utiliser différents « canaux de communication » pour transmettre mon message et la parole et le geste sont complémentaires. On appelle un geste « prophétique », un acte qui surprend, qui imprime les esprits et se garde en mémoire.

Mais n'était-ce pas aux disciples de vous laver les pieds ?

C'est ce qu'ils pensaient, précisément. C'était comme cela qu'ils voyaient les choses. En le faisant pour eux, j'ai renversé la perspective qui était encore la leur et je l'ai fait en conformité avec le message que j'ai essayé de leur transmettre. Je me suis donc mis à leurs pieds, je les leur ai lavés : je ne me suis pas contenté de m'incliner devant eux, j'ai réalisé une certaine forme de purification. J'ai purifié leurs pieds mais, ce faisant, j'ai purifié tout leur être.

Et Pierre m'a interrogé à ce sujet. Il m'a dit que si je voulais le purifier, il fallait que je le lave tout entier et pas simplement les pieds. Mais, je voulais justement signifier qu'en lavant les pieds, je lavais vraiment ce qu'il y avait de plus bas en eux…

Le baptême est, en soi, une purification. Cela est peut-être suffisant ?

Avec le lavement des pieds je ne dis pas autre chose que ce qu'on dit lors du baptême, à savoir qu'il faut purifier le vieux levain et transformer l'être de l'intérieur. Mon geste a voulu montrer que c'est toute une attitude qui doit persister après l'événement.

C'est une bonne technique pour encourager vos collaborateurs. Y en a-t-il d'autres ? Vous dites souvent : « Tu es une créature merveilleuse, tu participes à la nature divine »... C'est toujours très bienveillant et encourageant en fait.

Bien sûr, et c'est important. À un certain moment, mes disciples ont eu du découragement, notamment vis-à-vis de l'idée qu'ils se faisaient du royaume dont je leur parlais. Ils ont été surpris, étonnés et se sont demandé si vraiment j'avais choisi la bonne voie, le bon chemin. Et cela est particulièrement vrai pour Judas qui vient de nous quitter car il ne comprenait pas. Il faut, donc, sans cesse encourager et remotiver, comme lorsqu'ils sont revenus de la mission que je leur avais confiée. À leur retour, ils m'ont dit combien ils avaient été réconfortés par ce qu'ils avaient vécu car la mission avait été gratifiante ! Je les ai félicités et les ai encouragés à mon tour.

Dans notre tradition, la relation maître/disciple est très forte et le maître est invité sans cesse à encourager ses disciples, à leur expliquer quels bienfaits ils vont retirer de l'action qu'ils entreprennent.

Dans les Psaumes, auxquels j'ai souvent recours, on utilise souvent l'expression « bienheureux », de même que dans de nombreuses prières. Du reste, j'ai fait mienne cette expression dans l'enseignement que mon entourage qualifiera de « Béatitudes ».

Le premier mot que j'ai prononcé concernant mes disciples est « bienheureux ». Car même s'il existe des moments difficiles à traverser, la gratification se trouve au bout du chemin. Et c'est cette gratification qui rend heureux… L'encouragement représente un véritable moteur.

Mais votre technique est révolutionnaire pour l'époque. Avant, il existait des règles, des procédures, des sanctions. Vous prenez le contre-pied de tout cela !

Parce que mon message est différent. Si je dois vanter la qualité de mes sandales, je vais devoir employer des termes techniques. Or mon message s'adresse au cœur, à l'esprit et à l'intelligence de mes disciples. Je ne peux donc pas présumer de l'impact de mon message car il s'adresse à une très grande diversité. Ce que je propose, est un « produit » très particulier qui dépend de la manière dont il est reçu par chacun et dont il est vécu. Il n'y a pas de norme. Donc je ne peux pas préciser comme pour une sandale, la taille réglementaire, le style de lanières, la couleur recommandée…

La générosité, l'amour et le partage sont des réalités qui seront vécues différemment dans telle ou telle circonstance, par telle ou telle personne. Du coup, je n'ai pas un contrôle réel. Cela va dépendre des gens et des circonstances. Et je constate que certains le reçoivent quand d'autres ne le reçoivent pas. Mais c'est dans la nature du « produit »...

Quand vous animez votre équipe, il me semble que vous vous préoccupez de l'ensemble de vos collaborateurs, aucun n'est mis de côté. Vous l'illustrez par la parabole de la brebis perdue...

Mon équipe – comme vous dites – est constituée de douze disciples que j'ai choisis. Certains ont pu penser que mon message n'était destiné qu'à eux seuls. Mais la cible – comme vous dites aussi – est beaucoup plus large. Ma perspective, c'est celle des douze tribus d'Israël représentées par mes douze disciples. Mon message s'adresse à tout Israël, voire au-delà, car mon message est universel et concerne, tout particulièrement les pauvres, les faibles, les exclus, les laissés-pour-compte, les marginaux... Mon message doit être compris par eux et doit utiliser des mots simples, des exemples frappants. C'est pour cela que je me sers souvent des paraboles, ces historiettes qui transmettent une morale exemplaire.

Vous êtes un habile communicant...

Je veux que les gens retiennent mon message... Je dois donc imprégner les esprits et laisser des traces. La figure du berger est une image que j'utilise souvent car elle est facilement compréhensible et que je suis issu du monde rural. J'ai très souvent vu autour de moi ce qui se passait avec des gens qui cultivaient le sol ou qui paissaient des brebis. J'ai constaté qu'un berger qui avait un troupeau de cent brebis, n'aimait pas qu'une d'entre elles se perde. Et lorsqu'une brebis s'échappait en prenant un chemin de traverse, il n'hésitait pas à laisser les quatre-vingt-dix-neuf sur place, pour ramener la centième dans le troupeau.

Pour moi, cette attitude du berger est celle que j'envisage pour tous ceux qui me font confiance. Je n'ai jamais laissé de côté quelque être humain que ce soit, parce que toute personne possède une valeur inestimable, y compris une brebis, du seul fait qu'elle est créée à l'image et à la ressemblance de Dieu. J'ai toujours insisté sur la nécessité de ne laisser personne aux marges. Ce qui est très engageant, mais ce qui est souvent très difficile.

C'est aussi une perte d'énergie, une perte de temps. Peut-être valait-il mieux se concentrer sur les quatre-vingt-dix-neuf brebis qui ont besoin de vous, plutôt que de passer du temps pour la centième ?

On m'a souvent reproché cette posture. « *Mais maître, rabbi (comme on disait chez nous), mais alors qu'est-ce que tu fais des quatre-vingt-dix-neuf autres » ?* Mais les quatre-vingt-dix-neuf sont réunies ! Elles ont déjà reçu mes enseignements. Elles ont cette habitude de vivre ensemble. Ce n'est donc pas d'abord les quatre-vingt-dix-neuf qui ont besoin de moi, au moins pendant un temps, c'est la centième, celle qui s'est égarée, parce qu'elle ne saura pas trouver son chemin. Je n'ai jamais laissé tomber les quatre-vingt-dix-neuf brebis, pour prendre cet exemple, mais je m'intéresse à celui ou à celle qui est loin pour une raison ou pour une autre.

Je peux vous citer un autre exemple que j'ai évoqué un jour dans la parabole des ouvriers de la onzième heure. C'est celui des journaliers qu'on envoie travailler à la vigne. Dans mon village, il était fréquent qu'un maître ait besoin de main-d'œuvre pour un service précis. Et du coup, il venait au centre du village, sur la place publique pour recruter des salariés, des journaliers.

Un CDD, un contrat à durée déterminée en quelque sorte ?

Si l'on veut ! Souvent cela se passait ainsi. L'employeur venait puis, une fois qu'il avait le nombre nécessaire de salariés, il repartait. Mais parfois, quand le besoin s'avérait plus fort que ce qu'il avait envisagé, il était obligé de recruter de nouveau. Et il revenait.

J'employais cette image pour évoquer un maître qui vient en début de journée, c'est-à-dire à la troisième heure. Et qui souhaite recruter des salariés avec lesquels il convient d'une certaine rémunération, par exemple un denier. Et puis il revient plus tard, car il a besoin d'autres journaliers et il fait appel à eux en convenant toujours de leur payer un denier. Imaginons qu'il revienne une troisième fois pour embaucher de nouveaux journaliers. Et à la fin de la journée, chacun vient recevoir la somme convenue : un denier et ce quel que soit le travail effectué pendant la journée.

Certains me diront : « Et que faites-vous de ceux qui ont travaillé plus ? Ce n'est pas juste. » Mais, encore une fois, mon message est d'abord spirituel avant d'être économique. Tous les hommes ont des besoins. Il s'agit là d'une question de justice. Il a été convenu de donner un denier à chacun d'entre eux. Certains ont travaillé plus, certes, mais il faut comprendre que pour eux, c'était une aubaine de travailler dans ma vigne qui représente symboliquement le Royaume de Dieu que je suis venu annoncer. Et ils ont eu cette chance dès les premières heures. D'autres n'ont pas eu cette chance : les délaissés, les oubliés, les mis de côté. Je veux illustrer, par cette parabole, qu'il faut les faire bénéficier des mêmes avantages que les autres. La justice, ce n'est pas celle où chacun fait la même chose.

C'est celle qui donne plus à ceux qui en ont le plus besoin.

C'est presque le principe de l'équité en quelque sorte ?

Tout à fait ! Du coup, ceux qui se sont plaints parce qu'ils étaient les premiers sur le chantier ou dans la vigne sont payés la même chose. Il ne faut pas raisonner de manière égoïste, et il est préférable de répartir la charge de travail entre ceux qui en ont besoin. Je crois qu'il faut savoir encourager tout le monde et plus particulièrement les plus faibles. Il faut dépasser la logique de la justice humaine, celle qui juge sur l'équivalence : tant d'heures, tant d'argent... La logique divine est celle de l'amour, qui n'est jamais proportionnel au mérite du bénéficiaire. Un amour gratuit, largement donné, car l'amour ne compte pas.

En d'autres termes, vous avez une approche globale dans l'animation des gens, en évitant de se concentrer sur un petit nombre. Votre vision est plus large.

Elle est large afin de permettre que mon message de salut et de paix ne soit pas limité à quelques-uns. Il faut qu'il s'étende à tous, il faut que le plus grand nombre bénéficie du même fruit.

Je reprends l'exemple que vous avez également cité, celui de la parabole de l'enfant prodigue. Ce n'est pas un signe de faiblesse d'accepter quelqu'un qui vous a lâchement quitté, en quelque sorte ?

À un certain niveau, c'est tout à fait vrai. Mais débarrassez-vous d'une idée très prégnante chez beaucoup de ceux qui nous entourent : la faiblesse n'est que faiblesse. C'est faux, la faiblesse peut être une force parce que si je veux convaincre quelqu'un, si je me mets en position de force par rapport à lui, j'obtiendrai beaucoup moins de résultat que si je me mets en position de faiblesse. Je serai plus efficace en me mettant, comme on l'a évoqué tout à l'heure, à ses pieds, parce qu'il a besoin justement non pas d'être écrasé mais élevé, relevé. Pour cela, il faut que je me mette à son niveau de faiblesse.

Lorsqu'on va visiter un malade, si on le domine, il ne nous reçoit pas. Si on se met à côté de lui, et cela m'est arrivé souvent, on peut lui parler, le rencontrer, on peut avoir avec lui un véritable échange. Débarrassez-vous de votre conception de la faiblesse. Dans notre monde, la faiblesse peut représenter une grande force.

Le pardon serait-il une force ?

Bien sûr. C'est un message que j'ai transmis à plusieurs reprises à mes disciples, et à tous ceux qui m'entouraient.

Je connais quelqu'un qui disait que le pardon, c'était de « donner par-dessus ». Ce n'est pas l'étymologie du mot mais peu importe car je crois l'idée belle. Pourquoi pardonne-t-on ? Parce que celui qui a mal agi, l'a fait par manque, ou par faiblesse. Il a voulu dépasser un manque par ses propres forces. Alors il faudra peut-être punir certains débordements mais, très souvent, il faudra pardonner, l'aider à se dépasser. Et pour cela, il ne faudra pas condamner mais, au contraire, être miséricordieux. On pourra exiger de la personne, à la suite du pardon, qu'elle tente de faire mieux et plus une autre fois.

Je pense à cette femme qui, un jour, a été prise en flagrant délit d'adultère. Évidemment, tous les scribes, ceux qui sont attachés à la lettre de la Loi, souhaitaient la lapider puisque c'était ce qui est prescrit. Je me suis tourné vers eux, et je leur ai dit que celui qui n'a jamais péché lui jette la première pierre. Du coup, tous se sont rendu compte que la faiblesse de cette femme n'était certes pas du même type que la leur, mais qu'ils avaient eux aussi leurs propres faiblesses et qu'ils méritaient tout autant qu'elle d'être lapidés. Et du coup, ils se sont tous éloignés, en commençant par les plus vieux...

Je n'ai pas félicité cette femme pour ce qu'elle avait fait. Je lui ai seulement dit : « Personne ne t'a condamnée. Moi non plus, je ne te condamne pas. » Mais j'ai ajouté cette chose extrêmement importante : « Vas, et désormais ne pèche plus. » Je me suis mis à son niveau en lui pardonnant au nom de Dieu, mon père, et je lui ai dit d'aller et de ne plus pécher...

Un nouveau départ. Comme si on repartait sur un nouvel engagement, sur de nouveaux objectifs ?

Voilà ! Sinon elle serait restée comme cela pour toujours, sous le joug, le poids de cette condamnation.

Mais alors, ce n'est pas le seul pardon qui importe, c'est le pardon accompagné d'objectifs nouveaux ?

Dans la prière que j'ai enseignée à mes disciples, je leur ai dit ces mots : « Père, remets-nous nos dettes comme nous les remettons nous-mêmes à ceux qui nous ont offensés. » Il s'agit de la même idée : une certaine forme de partage du pardon. Vous recevez le pardon de Dieu mais cela n'a de sens que si vous-même vous pardonnez. Il faut que ce langage devienne une loi nouvelle, qu'un chemin nouveau se dessine sinon on retombe toujours dans la même faute. Vous savez, c'est décourageant.

Les erreurs que l'on commet, en général, sont souvent les mêmes. Je l'ai constaté ; nous sommes des multirécidivistes parce que notre tempérament, notre caractère sont constants. Les mêmes choses se reproduisent et il faut contribuer à renouveler, à encourager, à faire repartir sur d'autres chemins.

Je reviens sur la parabole de la femme adultère. Vous auriez pu dire à ceux qui voulaient la lapider : « Ne le faites pas, parce que vous aussi vous avez sûrement péché. » Or, vous le dites différemment et de manière très rusée. Quand vous leur posez naïvement la question : « Que celui qui n'a jamais péché, lui jette la première pierre », vous savez très bien où vous allez, en fait. C'est une bonne ruse, n'est-ce pas ?

Je ne sais si c'est une ruse. Je parlerais quant à moi de subtilité. Mais je connais le caractère humain et je sais comment agir avec lui. Si vous attaquez de front, vous avez une réaction immédiate et finalement symétrique à ce que vous attendez, ce qui n'est pas intéressant. J'ai expérimenté la chose avec une Samaritaine au bord d'un puits. Il faisait très chaud, un jour à Samarie. J'avais soif. Et voilà qu'arrive une femme à qui je demande à boire. C'était déjà singulier pour elle, parce que normalement un juif ne s'adresse pas à une Samaritaine qui est considérée comme une pécheresse. Et en plus, c'était une femme ! Mes disciples s'en étonneront un peu plus tard. Mais j'ai engagé la conversation avec elle, alors qu'elle savait bien que j'étais juif. Mais voilà, elle l'a fait. Du coup, nous avons engagé une discussion qui a permis de l'élever, de la faire progresser dans la compréhension qu'elle avait d'elle-même, de son entourage, de sa place dans le monde et, si je peux dire, de son rôle. À chacune de ses questions, je répondais avec un certain décalage. Cela a créé un décrochage même dans son propre esprit qui l'a obligé à reformuler la question sous une autre forme. Je crois que l'enseignement a porté du fruit. Elle est repartie réconfortée, soulagée. J'ai utilisé une sorte de maïeutique qui consistait à ne jamais reprendre les choses de manière trop directe.

Il faut éviter les débats sans fin comme on en voit souvent avec les gens qui sont autour de nous. Je dis A, tu dis B, je redis A, tu redis B, on n'en sort pas. C'est donc grâce à un décrochage dans la manière de répondre que l'on fait progresser le débat. Et j'aime beaucoup ce qui arrive, je ne suis seul à le faire, mais le décrochage permet d'aller au fond des choses.

Ne hâte pas tes lèvres, que ton cœur ne se presse pas de proférer une parole devant Dieu, car Dieu est au ciel et toi sur la terre ; aussi, que tes paroles soient peu nombreuses. Car du nombre des tracas vient le songe, du nombre des paroles, le ton de l'insensé […]. Car du nombre des songes viennent les vanités et les paroles multipliées [Ecclésiaste 5, 1-2.6].

8

LE MODE DE COMMUNICATION

Approfondissons votre mode de communication avec vos collaborateurs. Parlez-nous de la parabole de la drachme perdue, cette fameuse pièce retrouvée.

La parabole concerne une femme qui a peu de moyens et qui vient à perdre une pièce d'une drachme. Cela peut représenter très peu pour certains de ceux qui nous entourent, mais cela représentait beaucoup pour elle. Elle va alors remuer ciel et terre jusqu'à ce qu'elle l'ait retrouvée, pour exulter de joie. Tout être humain a droit à un minimum d'attention, et encore plus à de la miséricorde et du pardon. Il ne faut pas hésiter à remuer ciel et terre pour retrouver ce qui est perdu, brebis ou drachme…

Tout est important et on ne doit rien négliger ?

Absolument, et surtout quand il s'agit d'êtres humains, y compris un être humain lâche ou mauvais… Un être humain reste un être humain, c'est là un élément essentiel.

Dans le livre de la Genèse, l'Écriture nous dit : « Faisons l'homme à notre image et à notre ressemblance. » Pour moi, l'image est ce qui reste au fond de tout être humain quel qu'il soit. La ressemblance c'est ce qui se perd du fait des erreurs, du péché. J'aime à dire que l'image ne se perd jamais chez aucun être humain, car elle représente une forme de présence divine en tous. Certes, l'homme peut avoir recouvert cette image par tout un tas de méchancetés, d'immondices – peu importe le terme –, mais il reste cette image profondément enfouie en lui. Il n'en a peut-être plus conscience, mais elle existe. C'est ma conviction, c'est ce que dit l'Écriture et il est important de travailler à faire remonter cette image à la surface. Aucun être humain n'est définitivement condamnable, même s'il fut le pire des bourreaux.

Vous rappelez que « Dieu a créé l'homme à son image » mais si c'était l'homme qui avait créé Dieu à son image ?

C'est ce qui se passe dans beaucoup de cas autour de moi. Oui, nous avons créé des dieux à nos images. Dans la tradition juive, on appelle cela des idoles. Tous les peuples autour de nous ont fabriqué, je dis bien fabriqué, des dieux. On reproche à ces dieux-là d'être des créations humaines et pourtant, la plupart des gens adorent ces idoles, ces dieux fabriqués à leur image, ces dieux qui aiment le pouvoir et l'argent. Oui, nous fabriquons sans cesse des idoles à notre propre niveau. Nous faisons trop grand cas du pouvoir. Celui-ci, certes, peut être bien utilisé, mais on peut vite en faire un mauvais usage – tout comme l'argent – jusqu'à ce qu'il devienne une idole.

Mais n'oublions pas que chacun porte en soi l'image de Dieu. Il s'agit d'une réalité incessante de la tradition juive qui affirme et répète qu'il n'y a de Dieu que Dieu et que nous sommes créés à son image. C'est pour cela que les idoles sont sans cesse dénoncées et mises de côté. Mais certains vont très vite en recréer de nouvelles parce qu'ils ne veulent pas reconnaître cette image qu'ils portent en eux.

Les paraboles que vous utilisez concernent les hommes, mais aussi la nature. Quand vous faites allusion à la parabole du figuier stérile, vous prenez une image qui n'est pas humaine…

Mes paraboles s'appuient toujours sur un élément de notre vie humaine car je me sers de tout ce que j'ai vu autour de moi. Je me promène dans la nature, dans un monde rural et c'est là que je trouve les éléments constitutifs des paraboles que j'utilise – la vigne, la brebis, etc.

Un homme avait un figuier planté dans sa vigne. Il vint y chercher des fruits et n'en trouva pas. Il dit alors au vigneron : « Voilà trois ans que je viens chercher des fruits sur ce figuier, et je n'en trouve pas. Coupe-le ; pourquoi donc occupe-t-il la terre pour rien ? » Mais celui-ci, répondant, lui dit : « Maître, laisse-le cette année encore, le temps que je creuse tout autour et que je mette du fumier. Peut-être donnera-t-il des fruits à l'avenir. Sinon, certes, tu le couperas ». J'estime que la fonction fondamentale du vigneron est de protéger sa vigne. Il va donc tenter de soigner l'élément qui, sur l'arbre, est en défaut.

Vous êtes indulgent vis-à-vis des résultats. Un peu comme un directeur commercial dont un de ses vendeurs a de mauvais résultats et qui lui laisse une chance supplémentaire à l'opposé du directeur des relations humaines qui prendrait des mesures plus tranchées...

L'image est audacieuse, mais je la partage. À travers cette expérience des vignerons, j'essaie de rejoindre cette idée qu'il faut toujours donner un maximum de chances, en particulier à ceux qui n'en ont pas ou moins. C'est toujours cette idée d'aller retrouver celui qui est loin, perdu, qui ne sait plus quel est son avenir, qui vit difficilement... Parce qu'il faut sans cesse, et ce n'est pas toujours évident, trouver les moyens de lui venir en aide.

Vous êtes très tolérant, dans la mesure où vous êtes prêt à « pardonner », à comprendre l'erreur. Vous estimez que tout le monde a le droit à l'erreur et à être défendu.

Je crois que ce droit à l'erreur provient chez moi de cette profonde conviction que Dieu lui-même accepte nos errements. Sinon nous ne serions plus là, il nous aurait condamnés depuis longtemps. Le fait même que nous soyons toujours sur cette terre, à nous battre pour elle et pour ceux qui nous entourent, représente, pour moi, le signe que Dieu nous accompagne et nous aide dans cette entreprise. En définitive, je ne fais que mettre en œuvre cette miséricorde qui existe dans la tradition juive à laquelle j'appartiens. Je l'ai évoquée évidemment à travers les différentes paraboles dont nous avons parlé, mais c'est un élément essentiel, parce qu'en vérité si Dieu est Dieu, s'il n'était pas miséricorde, je vous le dis, aucun d'entre nous ne serait là.

Dieu montre l'exemple ?

Oui, et c'est sa nature profonde d'être miséricordieux. Si je dois annoncer le royaume de Dieu, je dois proclamer le royaume de miséricorde. Encore une fois, la miséricorde, ce n'est pas la facilité, ce n'est pas tolérer n'importe quoi, mais c'est toujours donner une chance, toujours repartir de l'avant, toujours voir plus loin que la faute, toujours se dire que le plus grand des pécheurs, fût-il un assassin ou un voleur invétéré, a droit à une chance. Mais je comprends que la société puisse être attentive aussi à son bien-être et à empêcher celui qui est en faute de la renouveler. Mais on ne peut jamais le condamner définitivement – c'est ma conviction – parce que Dieu n'a condamné aucun d'entre nous définitivement.

Faites-vous une différence entre l'erreur et la faute ? L'erreur est humaine et on peut se tromper. Mais reproduire une erreur constitue, selon moi, une faute. Pardonnons l'erreur qui peut déboucher sur une amélioration, mais sanctionnons la faute qui est plus grave. Qu'en pensez-vous ?

Si je dois opérer une distinction, je dirais que l'erreur possède une dimension strictement factuelle, matérielle, alors que la faute relève de la morale et du spirituel par rapport à une certaine exigence. L'erreur est factuelle, comme une ligne voulue droite qui est tracée un peu tordue... Et effectivement, une faute peut apparaître plus grave mais, là encore, le pardon doit exister.

Si demain vous commettez la même erreur et vous retracez une ligne tordue, cela voudrait dire que vous n'avez pas progressé...

J'entends bien votre remarque sur cette idée morale, mais même une erreur répétée, même une faute peuvent être pardonnées. Je milite contre l'exclusion et je préfère sans cesse travailler à remettre sur le droit chemin le fauteur de troubles, même si, selon une vieille tradition latine, *errare humanum est, perseverare diabolicum* (Il est humain de se tromper, mais diabolique de persévérer).

Je comprends le pardon vis-à-vis de l'autre. Mais les autres membres du groupe ne vont peut-être pas apprécier ce traitement qu'ils pourraient juger inéquitable... Et que faire si le fils prodigue s'en va de nouveau ? L'équipe va-t-elle se démobiliser ?

Je comprends la sanction et Dieu n'est pas un Dieu attrape tout. On peut sévir, bien sûr, mais même s'il y a récidive dans le cas du fils, j'éviterais l'exclusion. Je travaillerais à le remettre sur le droit chemin, à lui permettre de retrouver la bonne issue. C'est un débat toujours compliqué : combien de fois doit-on pardonner ? Même mes disciples m'ont posé la question. Jusqu'à sept fois ? Et moi je dis jusqu'à soixante-dix fois sept fois, manière de dire tout le temps.

Il ne faut jamais condamner un homme définitivement, je le répète parce que Dieu ne le fait pas à notre égard, il ne l'a jamais fait. En revanche il est tout à fait légitime de travailler à sa rédemption, à son rachat, à son pardon. Si on condamne définitivement quelqu'un, il est mis plus bas que terre.

Vous êtes vraiment en rupture avec la loi du talion !

Absolument, encore que la loi du talion a représenté à son époque une bonne chose, il faut le souligner. Avant que cette règle n'existe, il n'y avait pas de proportionnalité entre la faute et son rachat. Si on m'a volé dix, je pouvais demander cent en compensation. La loi du talion a rétabli une certaine forme de relation équitable entre la faute et le rachat. Si on m'a volé dix, je demanderais que l'on me rende dix. C'était déjà un progrès...

« Œil pour œil, dent pour dent », un progrès ?

Oui, parce qu'avant c'était tête pour œil, ou jambe pour œil. C'est un progrès, mais qui demeure insuffisant parce que c'est une espèce de condamnation automatique, par symétrie. Or je me méfie beaucoup de ces réponses symétriques, parce qu'elles ne font pas progresser. Vous savez pourquoi on avance dans la vie, en marchant, parce que nous sommes constamment en déséquilibre, et il faut l'accepter car il est « moteur ». On a besoin de lui. Cela dit, face à cette loi du talion, je préfère le pardon car il évite la condamnation définitive.

Rends-moi le son de la joie et de la fête : qu'ils dansent, les os que tu broyas !
Détourne ta face de mes fautes, et tout mon mal, efface-le.
Dieu, crée pour moi un cœur pur, restaure en ma poitrine un esprit ferme ;
ne me repousse pas loin de ta face, ne m'enlève pas ton esprit de sainteté.
Rends-moi la joie de ton salut, assure en moi un esprit magnanime [Psaume 50, 10-14].

9

L'ÉQUITÉ

Revenons à la parabole des talents. Préférez-vous récompenser le résultat plutôt que la bonne volonté ?

Cette parabole illustre ce que devrait être la fidélité du disciple en l'absence du maître. Les talents constituent une mesure pécuniaire.

Il s'agit d'une monnaie ?

Oui, il s'agit d'une somme d'argent que donne le maître. C'est son argent qu'il demande à faire fructifier, à gérer au mieux. C'est un appel à la fidélité. D'ailleurs le gain est modeste et correspond, au mieux, à ce qui a été confié.

Il me semble que les règles sont floues. Les aviez-vous bien précisées au départ ?

Il n'y avait pas de règles. Cela correspond à la confiance que j'accorde à mes disciples. Ils jouent à un jeu dont ils ne connaissent pas encore la fin tout en mettant en œuvre leur talent propre, leurs qualités… En donnant cinq talents à l'un, trois à un autre et un à un troisième, le maître va apprécier l'habileté et la fidélité de chacun.

Je vous signale que vous avez employé le mot de « résultat », or je ne cherche pas de résultat. Je ne parle pas en ces termes. Je considère que chaque personne possède un potentiel, des talents qui lui sont donnés, qui sont variés et divers. Et chacun doit donner le meilleur de ce qu'il est. Il ne s'agit pas de juger du résultat mais de cette volonté de donner le meilleur.

J'imagine que le serviteur qui a préservé le talent reçu et qui l'a rendu pensait sûrement bien faire…

Pas nécessairement, et c'est bien ce qui est mis en cause dans la parabole. En fait, quand on regarde son attitude vis-à-vis du maître, c'est d'emblée une attitude de défiance et c'est le problème que j'ai déjà plusieurs fois souligné en évoquant cette parabole. Vous ne pouvez pas à la fois dépendre d'un maître, vous confier à lui comme il se confie à vous, et d'un autre côté vous défier de lui. Or, d'emblée, celui qui a reçu un talent, donc moins que les autres, se pose un peu en termes de défiance. On constate qu'il a eu peur… Il s'est situé non pas en partenaire mais en contradicteur, en opposant. « Mon maître me confie quelque chose, mais finalement j'ai peur de lui, je n'ai pas confiance. » Rendez-vous compte ! Je ne peux pas penser que mon entreprise va réussir avec de telles personnes.

Peut-être parce que les règles du jeu n'étaient pas clairement définies ? Peut-être, avez-vous une part de responsabilité dans ce résultat ?

Je lui ai donné ce qu'il pouvait recevoir parce que chacun ne reçoit pas la même chose, et c'est normal. Chacun ne bénéficie pas des mêmes talents. Dans notre monde, les gens sont doués dans tel ou tel domaine : dans la culture des olives, dans la pratique de la pêche… Personne ne possède le même potentiel. L'égalité ne signifie pas que chacun ait la même chose. Pour moi, l'égalité doit permettre à chacun de faire le plein de ce qu'il est. Donc s'il est prévu avec une contenance 10, eh ! bien qu'il fasse 10, s'il est prévu avec une contenance 5, qu'il fasse 5… Être prévu avec une contenance 5, ne veut pas dire que l'on est moins bon que celui qui est prévu avec une contenance 10. L'important n'est pas là, l'important c'est que chacun donne le meilleur de ce qu'il est ! Les résultats sont donc très différents selon les uns et les autres et, ce qui compte, c'est la volonté de chacun de donner le meilleur de ce qu'il est. Certains ne veulent pas rentrer dans ce jeu-là. Dans la parabole, j'ai parlé d'un maître qui était absent durant un certain temps et je n'ai pas précisé le temps, qui peut être long ou court. Il peut se révéler être court car nul ne connaît le moment de sa mort… Chacun a un temps limité dans la vie pour réaliser l'ensemble de ses possibilités.

Imaginons que le troisième serviteur dilapide le talent que vous lui avez remis et en profite. Ensuite, il vient vous dire : « Excusez-moi, maître, mais j'en ai profité. » Est-ce que, comme pour l'enfant prodigue, vous allez lui pardonner ?

L'enfant prodigue et le serviteur ont deux statuts différents. L'enfant prodigue revient sur lui-même et c'est lui qui va presque au-devant de son père pour se faire pardonner. D'emblée, l'échec et le pardon sont inscrits au cœur de sa démarche. Je n'ai pas du tout donné le même statut au serviteur qui possède plus ou moins de talents. Celui-ci se présente comme s'il avait bien fait. C'est différent car à aucun moment, il n'a envisagé de pouvoir se faire pardonner ou de quémander de la miséricorde. En aucun cas il ne se présente comme s'il avait fait ce qu'il devait faire. Je lui ai répondu qu'il n'avait pas fait ce qu'il devait faire, c'est tout. Et surtout je lui ai rappelé qu'il avait beaucoup plus de possibilités en lui.

Parlons de la seconde parabole qui est complémentaire à la parabole des talents, la fameuse parabole des dix mines.

Effectivement, il s'agit d'une variation de la parabole des talents. Et je risque de vous redire des choses, mais tant pis, allons-y !

Quel message voulez-vous faire passer ?

Dans la parabole des dix mines, j'ai évoqué un maître qui est très dur avec son serviteur. Et on a l'impression que la miséricorde est absente. Mais n'oublions pas que je lui fais confiance. Je m'adresse à sa responsabilité. Je ne lui dis pas d'utiliser la mine exactement comme je le souhaite. Je le laisse à son jugement alors qu'il s'est positionné en termes de défiance.

Vous souhaitez une relation équilibrée entre le manager et son subordonné, en quelque sorte ?

Ce serviteur n'a rien gagné. Il s'est contenté d'enfouir la mine dans la terre. Les autres ont essayé de faire fructifier ce qu'ils ont reçu. Il s'agit de la même idée : la fructification dans la fidélité. Et sans se dire : « Mon Dieu, si mon maître rentre demain, qu'est-ce que je vais faire ? » En enfouissant la mine dans la terre, il a exprimé sa peur et a rompu toute relation de confiance. Dans le mot confiance, il y a les mots « foi » et « fidélité ». Ce sont des termes que j'emploie souvent dans ma prédication. Et c'est essentiel dans mon projet, car il s'agit, encore une fois, que chacun y mette du sien. Je ne marche pas par la contrainte. Il faut de la bonne volonté. Aussi, certains ont jugé ou ont interprété la parabole de manière plus dure, en affirmant que la fidélité avait été trahie.

Et si au lieu de sanctionner ces comportements méfiants, vous aidiez davantage ces personnes-là ? Peut-être ont-elles encore plus besoin de vous que les autres ?

C'est vrai. C'est ce que j'illustre dans la parabole des ouvriers de la onzième heure que j'ai déjà évoquée. Je suggère que l'on donne le même salaire à celui qui a travaillé 5 heures qu'à celui qui a travaillé 10 heures. Celui qui est arrivé à la fin, avait quand même autant besoin que les autres d'un même salaire. Ai-je répondu à votre question ?

Oui, mais je ne doutais pas de votre sens de l'équité...

Encore une fois, dans la parabole des mines, la perspective est sévère, car il est nécessaire que cohabite la miséricorde avec la justice. Notre vie ne peut pas être que miséricorde, car si chacun fait ce qu'il veut, sans justice, nous sombrons dans l'anarchie la plus totale. La miséricorde est une dimension essentielle de nos vies et dans le projet que je présente. Mais il faut que je laisse aussi la possibilité aux gens de ne pas être d'accord avec cela. Sinon ce n'est plus de la miséricorde.

Le rôle du manager n'est-il pas de semer ?

Oui, c'est essentiel.

Il est une maxime connue qui dit que celui qui a des oreilles pour entendre doit entendre. Que faut-il comprendre par cela ? Est-ce le résultat de la semence ?

De fait ! Et j'ai imaginé deux paraboles. Celle du semeur : un homme jette les graines dont certaines tombent sur le bord du chemin, sur les roches et dans des buissons d'épines, et la semence est donc perdue ; en revanche lorsqu'elle tombe dans de la bonne terre, elle produit du fruit jusqu'au centuple.

Et la parabole de la semence : il en est du royaume de Dieu comme quand un homme jette de la semence en terre ; qu'il dorme ou qu'il veille, nuit et jour, la semence germe et croît sans qu'il sache comment. La terre produit d'elle-même, d'abord l'herbe, puis l'épi, puis le grain tout formé dans l'épi ; et, dès que le fruit est mûr, on y met la faucille, car la moisson est là.

Quels messages voulez-vous faire passer ?

Ma conviction profonde est que nous n'avons rien que nous n'ayons reçu. L'homme n'est pas seulement un être humain, il est aussi divin par ce qu'il reçoit et qui ne dépend pas de lui. Il est donc important de semer largement car nous devons retransmettre ce que nous avons reçu.

L'homme doit transmettre ce qu'il a reçu...

C'est essentiel. Un cultivateur qui sèmera une graine là, à tel ou tel endroit de manière spécifique, je ne suis pas sûr qu'il en retirera grand-chose. En revanche, semer largement permet une récolte plus large. Il ne faut pas avoir peur de la perte, du « déchet ». Il ne faut pas raisonner en termes de « calcul », car on risque d'aboutir à un échec. Le don de soi, quand on y réfléchit, ne peut pas être limité car sinon il ne serait pas un don. Il serait, au mieux, un prêt... Le don de soi est forcément illimité.

En ce qui concerne l'évaluation, le manager doit-il évaluer le comportement des autres ? Vous avez dit que le royaume des cieux est semblable à un filet jeté dans la mer qui contient des poissons de toutes espèces... Expliquez-nous.

L'idée de générosité, d'élan, du don, est essentielle. Quand les pêcheurs ramènent les poissons sur la berge, ils prennent soin d'éliminer et de rejeter à l'eau certains poissons, les plus petits. Ils ne gardent que les « meilleurs »... Il existe toujours une dimension d'évaluation et de jugement. J'ai souvent parlé de jugement dans mes conseils à mes disciples, dans mes discours devant la foule. Mais j'ai toujours associé jugement avec justice. Il ne faut jamais occulter cette dimension, même si elle est difficile, même si elle peut poser des cas de conscience. Éliminer ne veut pas dire condamner, mais considérer ce qui est et ce qui n'est pas à sa place.

Il y a là une grande différence. Des gens qui m'ont suivi au départ ne sont pas restés avec moi. Je ne leur en tiens pas rigueur. Ils ont jugé que leur place n'était pas là. Et que le meilleur moyen pour eux de faire grandir leur potentiel était de partir et de trouver un autre lieu d'épanouissement. Certains qui m'ont quitté sont parfois devenus mes adversaires et il est tout à fait normal qu'il y ait une forme d'évaluation, du reste, je n'emploie pas ce mot, mais celui de jugement. Et c'est normal qu'il y ait un tri. Oui, « tri » est le bon mot.

Respecter une réelle équité dans cette évaluation, ou ce jugement comme vous le dites, exige que les règles du jeu aient été expliquées. C'est un peu le reproche que je vous ferais…

Vous insistez sur ce point et je le comprends. Mais je crois que, quand vous dites cela, vous voulez *maîtriser le don que vous faites*. Vous évaluez par rapport à un don. Vous donnez, par exemple, 3 kg de maïs ou 2 kg d'olives. Dans ce cas de figure, vous faites un compte de ce qui est donné et de ce qui est reçu. Mon propos ne se mesure pas de cette manière-là. J'évoque beaucoup plus une manière d'être qui engage l'intérieur de la personne, beaucoup plus que ce qu'elle pourra faire et dire ensuite. Et cela s'évalue très différemment car lorsque le don est donné, s'il est vraiment donné, il est inépuisable en soi. Ou alors, il s'agit d'un prêt...

Celui qui le reçoit doit anticiper la réaction de son « maître ». Mais anticiper la réaction de son « maître » sans savoir ce qu'il en attend, c'est la grande difficulté, il me semble.

Mais si la règle du jeu n'était pas trop explicite, les modalités en revanche étaient limpides. J'ai toujours expliqué que le royaume de Dieu était semblable à un grain de blé jeté en terre, à telle mesure... Cela, ils le savaient.

Peut-être fallait-il le répéter ?

Sans doute, et je l'ai répété maintes fois. Je n'ai cessé de leur dire combien le royaume de Dieu est semblable à ce message qui se propage. J'ai pris aussi l'exemple de la graine qui pousse toute seule, qu'il pleuve ou qu'il vente... J'ai donné plusieurs exemples de cette réalité extrêmement profonde, qui engage tout l'être de chacun. Mais qui n'est pas mesurable ! Ce n'est pas une graine que l'on évalue par rapport à son poids. Nous sommes à un autre niveau et, de ce fait, l'évaluation est très difficile, et chacun s'auto-évalue.

C'est pour cela que certains partent et que certains restent. Ce n'est pas moi qui les ai fait partir. Ce sont eux qui se sont jugés incapables ou indignes de suivre le chemin que je leur proposais. Ce sont eux qui ont fait leur propre évaluation.

Il y a un moment pour tout et un temps pour toute chose sous le ciel.

Un temps pour enfanter, et un temps pour mourir ; un temps pour planter, et un temps pour arracher le plant.

Un temps pour tuer, et un temps pour guérir ; un temps pour détruire, et un temps pour bâtir.

Un temps pour pleurer, et un temps pour rire ; un temps pour gémir, et un temps pour danser.

Un temps pour lancer des pierres, et un temps pour en ramasser ; un temps pour embrasser, et un temps pour s'abstenir d'embrassements.

Un temps pour chercher, et un temps pour perdre ; un temps pour garder, et un temps pour jeter.

Un temps pour déchirer, et un temps pour coudre ; un temps pour se taire, et un temps pour parler.

Un temps pour aimer, et un temps pour haïr ; un temps pour la guerre, et un temps pour la paix [Ecclésiaste 3, 1-8].

10

LE MODE D'ORGANISATION

Parlons de votre mode d'organisation. En tant que manager, quel type d'organisateur, de planificateur, de communicant êtes-vous ? Aviez-vous un organigramme, partagiez-vous vos responsabilités avec d'autres personnes ?

Oui et non. Encore une fois, je suis venu sur cette terre pour accomplir une mission qui vient au-delà de moi, qui vient de Dieu que j'appelle mon père. C'est de lui que dépend cette mission et, comme toute mission, elle est liée aux conditions locales de sa réalisation. Annoncer que le royaume de Dieu est déjà là, est une entreprise très aléatoire. Mais je m'appuie sur des précédents, sur les grandes figures de notre tradition.

Comme Jethro par exemple ?

Comme Jethro, comme Moïse... Chacun avait une mission et une manière particulière de la réaliser : conditions locales et humaines. Comme mon message était destiné à l'ensemble du peuple, j'ai choisi douze disciples au sein du peuple juif.

Il fallait des relais, des responsables...

Absolument ! Mais je les ai choisis pour d'abord « être avec moi ». Je vous l'ai dit, c'est le principe même du maître et du disciple : je reçois et transmets à des gens qui vont recevoir puis retransmettre à leur tour. Mais je n'avais aucune idée de la manière dont le message serait reçu au bord du lac du Tibériade ou dans les synagogues. D'une certaine manière, je dépendais des circonstances. Au début, mon message a été assez bien reçu car il était neuf, il prêchait la communion, l'entente entre les gens, la paix dans un monde qui était assez troublé autour de nous. Beaucoup s'y sont a priori retrouvés. Certes, c'est assez facile quand on est au tout début, dans une période de construction. Des bonnes volontés se présentent aussi pour vous aider, pour vous accompagner... Et au-delà même de ces douze que j'avais choisis, beaucoup de personnes ont tourné autour de nous, des hommes et des femmes. Évidemment, plus le temps passe, plus la mission devient difficile et plus la planification est aride puisque le message n'est pas reçu de la même manière. Il faut resserrer les rangs. Or j'avais des disciples préférés sur lesquelles j'ai compté et compte toujours.

Vous aviez des chouchous, des préférés ?

Préférés est un bien grand mot. Mais j'avais des disciples que j'appréciais plus particulièrement, comme Pierre et André. Ils étaient les premiers avec moi, dès le départ, autour de Jean-Baptiste et je les ai retrouvés au bord du lac de Tibériade. Ceux-là étaient un peu mes premiers assistants, pleins d'enthousiasme, mais au fil du temps ils ont été de plus en plus décontenancés. Et en définitive, je me suis trouvé tout seul, même si, encore une fois, j'avais autour de moi des gens de bonne volonté. Mais plus le temps a passé et plus ils s'interrogeaient sur la réussite ou pas de l'entreprise que je proposais. Je peux donc dire qu'il y a eu un moment où on peut parler d'une nécessaire planification dans la mesure où il y avait une certaine réussite.

Vous avez fixé des objectifs, déterminé des étapes ?

Non… Vous savez, j'étais un errant, parmi d'autres prophètes errants. J'étais perpétuellement sur la route, or la planification suppose d'avoir une certaine stabilité.

Noé a bien planifié quand il a été choisi…

Mais il n'a rien planifié du tout ! Dieu lui a parlé pour lui dire de construire une arche. C'est

Dieu qui a planifié pour lui et qui savait ce qui risquait de se passer. Moi, je n'ai eu aucune information à ce sujet de la part de mon père. Donc...

Donc vous aviez carte blanche ?

En quelque sorte et j'ai vécu beaucoup au jour le jour, comme le font autour de nous des gens modestes.

Et cette carte blanche, n'a-t-elle pas été suggérée par votre père ? Il fallait quand même la réaliser. Mine de rien, il y avait quand même un projet à mettre en œuvre...

Oui, mais il s'agissait d'un projet d'annonce errante en chemin. Et quand vous parlez de planification, vous évoquez automatiquement l'idée de vous poser quelque part. J'ai dit un jour à mes disciples : « À chaque jour suffit sa peine », pour exprimer que l'on ne sait jamais de quoi serait fait le lendemain. Je suis le premier concerné, car comment suis-je en lien avec celui que j'appelle mon père ? Dans la prière. Il y a une part totale d'inconnu de ce que sera le lendemain. Et dans la vie des prophètes errants, comme c'est mon cas, c'est particulièrement vrai. Par exemple, si je veux bâtir quelque chose, il faut bien trouver des moyens financiers et prendre le temps pour s'organiser. D'ailleurs, j'ai évoqué dans la vie publique les interrogations d'un gérant qui voit s'accumuler les recettes issues de ses cultures et qui envisage de rebâtir un entrepôt encore plus grand que celui qu'il avait. Et il réfléchit sur la manière de le bâtir. Mais quand il ne sera plus sur terre, comment évoluera-t-il ce nouveau bâtiment ? En ce qui me concerne, quand je disparaîtrai, comment évoluera ma parole ? Pour pouvoir bâtir sur l'avenir, il faut anticiper et avoir les moyens de le faire. Mais quand on vit au jour le jour, cela est pratiquement impossible.

Donc l'homme est mortel, et sa finitude l'oblige à une certaine humilité ?

Je rappelle souvent que nous avons à vivre une certaine pauvreté, une certaine modestie. C'est essentiel dans la vie. J'évoque ainsi les oiseaux qui découvrent chaque jour de quoi se nourrir. Nous sommes un peu sur cette terre comme des oiseaux découvrant chaque jour notre nourriture, car cela nous est donné. Je ne sais pas de quoi demain sera fait, à moins d'avoir accumulé. Mais même dans ce cas, comme évoqué dans ma précédente parabole, rien ne me garantit que ce produit d'accumulation sera encore à ma disposition, parce que je ne sais pas si je serai encore sur cette terre. Nul ne peut le dire.

Vous avez dit une parabole selon laquelle il faut disposer d'un prévisionnel : « Lequel de vous s'il veut bâtir une tour ne s'assied d'abord pour calculer les dépenses et voir s'il y a de quoi le terminer de peur qu'après avoir posé les fondements, il ne puisse l'achever et que tous ceux qui le verront ne se mettent à le railler. »

C'est ce que je viens d'évoquer. Nous sommes dans un monde où nous sommes obligés de calculer, d'anticiper, de prévoir et nous serions bien maladroits et malheureux de ne pas le faire ou de ne pas pouvoir le faire. Mais il faut toujours le réaliser avec cette conscience de notre finitude, de notre pauvreté. Je suis mortel et demain je ne serai peut-être plus là pour porter ma réalisation. J'ai choisi douze disciples, d'une manière symbolique, pour tenir compte de la dimension universelle de mon message par rapport au peuple juif. Mais je savais bien qu'au-delà de moi, le message que je portais pouvait être relayé par tous. Il s'agit de la même idée : la relation entre le maître et le disciple. Le disciple n'est pas là simplement pour rester à côté du maître. Il est là pour, un jour ou l'autre, porter la parole du maître, aller plus loin.

Si je reformule votre idée, vous affirmez que, plutôt que d'avoir une feuille de route avec des objectifs tracés et précis que les autres doivent simplement exécuter, vous préférez confier à vos disciples un projet global d'entreprise. À charge à eux de le mettre en musique. Et par rapport à cette planification, vous préférez l'adaptation, l'adaptabilité en permanence ?

Oui.

Je ne parlerais pas d'opportunisme, mais c'est presque un peu ça, en fait : savoir s'adapter aux situations et les faire mieux vivre…

Un projet est d'abord humain, or les hommes, les conditions, l'environnement et les moyens sont différents… Je suis donc obligé de m'en remettre à la fidélité de chacun, à leur engagement. Pour 10 000 personnes, il faudrait 10 000 feuilles de route pour chacun parce que chacun va devoir adapter le message à sa propre personne, à son environnement. Je ne peux pas faire autrement que cela.

Au-delà de votre aspect organisateur et planificateur, vous êtes également un manager communicant. Et votre technique la plus habile, est représentée par vos paraboles…

C'est exact.

Comment faites-vous pour les créer ? Comment les utilisez-vous ? Vous avez des exemples, des images, vous racontez des histoires ?

Il faut se souvenir que nous autres, Juifs, sommes des gens de la parole parce que notre tradition religieuse repose largement sur des paroles. Ce sont elles qui ont été consignées dans des rouleaux. Nous ne sommes peut-être pas les seuls, mais nous sommes profondément marqués par cette parole.

Le peuple juif est-il le peuple de la parole ou le peuple du livre ?

Le livre suppose une consignation des choses qui se transmettent et qui risquent de se figer. La parole, en revanche, possède une dimension toujours adaptable, même interprétable. La parole est toujours interprétée, il n'y a pas de parole pure. L'avantage de la parole sur le livre est simple.

Si c'est écrit, il va falloir que j'applique ce qui est. Si c'est une parole, j'aurai plus de liberté. Les spécialistes, les scribes sont attachés à cette parole, à son écriture. Or le commun des mortels ne sait pas nécessairement lire, mais il sait entendre, il sait écouter. D'ailleurs l'une des revendications de nos ancêtres dans la foi juive, dans les écrits est explicite : « Écoute, ô mon peuple » ! La prière juive traditionnelle, chez nous, chaque jour, commence par « écoute ».

Nous sommes donc un peuple de l'écoute et de la retransmission de ce qui était entendu. *De facto*, nous sommes un monde de communicants. Ce que j'ai appris dans les récits de mes anciens, c'est l'art de la parole avec, en particulier, le recours aux histoires familières qui prennent appui sur des comportements, des paysages, des choses simples comme le pasteur, le cultivateur...

Sont-ils des symboles qui facilitent la compréhension du message ?

Oui parce que la parole est interprétable. Mes disciples n'ont pas tous reçu la même chose et pourtant je leur ai tenu le même discours. Mais ils n'ont pas tous reçu et interprété de la même manière. C'est pour cela que j'aime leur parler avec des choses très simples, très concrètes, des choses qu'ils peuvent voir, entendre et constater autour d'eux. J'ai utilisé beaucoup d'images : le cultivateur, le vigneron, le pasteur, la maîtresse de maison... Ces images familières, dans une tradition orale, restent en mémoire et parlent concrètement. De plus, j'ai utilisé des images liées à mon environnement car j'ai voyagé à l'intérieur de la Galilée. Tout le monde les comprenait.

C'est astucieux ! Je reviens sur l'importance de la parole à l'opposé du livre qui fige le texte. Et si demain vos disciples rédigeaient vos propos. Est-ce qu'on ne tomberait pas dans un certain travers qui consisterait à figer votre parole ?

Vous avez raison et c'est pour cela qu'il est important d'avoir plusieurs interprétations. Certains de mes disciples sont des « intellectuels », d'autres non. Et la manière dont ils reçoivent ma parole dépend aussi de cette configuration personnelle. Ils ne retiennent pas tous la même chose et ne sont pas frappés par la même image. C'est normal. Je vous répète que toute parole est sujette à interprétation car la parole pure n'existe pas. Aussi je pense que si demain ils devaient mettre par écrit ce que je leur transmets, il y a de très fortes chances qu'il y ait plusieurs écrits et plusieurs éclairages de mes propos...

Ces écrits constitueraient une mosaïque, en quelque sorte ?

Oui, une mosaïque. Imaginez un accident de bateau sur le lac de Tibériade, comme j'ai pu en parler dans certaines de mes paraboles. Il y aura autant de témoignages que de témoins. Pourtant les faits sont identiques et il s'agit de la même réalité. Mais chacun l'aura perçu de son angle de vue. Je suppose que si un jour mes propos devaient être retranscrits par écrit, il en sera de même. C'est plutôt une sécurité, parce qu'en recoupant les témoignages, on finit par se rapprocher de la réalité, beaucoup plus qu'à partir d'un seul témoignage.

Comment étaient organisées vos réunions de travail ? Formelles, informelles, de jour, de nuit, en dehors du Shabbat… ?

N'oubliez pas que je suis constamment en déplacement. Les occasions de formation sont multiples et point n'est besoin d'avoir des réunions formelles.

Vous privilégiez l'informel ?

Effectivement, rien n'est planifié et je m'adapte aux situations, y compris aux lieux, même les plus exigus, comme la maison de Pierre. Sa maison se situe à Capharnaüm et, un jour, des gens de la région sachant que j'étais là, ont voulu me présenter un malade afin que je le guérisse. Comme la maison était petite et qu'elle était bien remplie, ces gens ont imaginé un curieux stratagème. Ils ont fait descendre l'infirme par le toit ! Et je l'ai guéri de son mal. Tout cela, pour vous dire que je m'adapte aux situations… et aux lieux – une barque, par exemple.

Vous saisissiez les opportunités...

Oui, et la réunion n'est pas le seul endroit pour faire passer un message. J'ai la conviction que vivre ensemble quelque chose de fort permet aussi de se faire comprendre. Mes disciples ont beaucoup appris par l'exemple.

En retour, avez-vous appris d'eux ? Lors de ces réunions y avait-il – j'ose utiliser un mot compliqué – un feedback ? Est-ce qu'il y avait un retour de la part de vos disciples ?

Bien sûr ! Il y avait, naturellement, des incompréhensions, et les questions qu'ils posaient ou les manières dont ils envisageaient les choses m'obligeaient à être plus explicite et d'une certaine manière à faire progresser ma réflexion. J'ai dû par exemple leur expliquer en privé ce que j'avais exprimé dans la parabole du semeur qui sème largement.

C'est aussi ce qui s'est passé avec Pierre. Je lui disais, ainsi qu'à d'autres, que si je devais monter à Jérusalem, je risquais d'y connaître une fin terrible. Et Pierre animé des meilleurs sentiments, s'est rebellé en disant que cela n'arriverait pas. J'ai dû lui dire que ce n'était pas son opinion qui prévalait, mais celle de mon père qui m'avait fait comprendre ces choses-là. Du coup je me suis tourné vers lui, de manière assez vigoureuse, en lui disant : « Arrière Satan, tes pensées sont celles des hommes, mais ne sont pas celles de Dieu. » Mais en même temps que je lui disais cela, je prenais encore plus vivement conscience de ce qui allait se passer…

Les idoles des païens, or et argent, une œuvre de main d'homme ! elles ont une bouche et ne parlent pas, elles ont des yeux et ne voient pas. Elles ont des oreilles et n'entendent pas, pas le moindre souffle en leur bouche. Comme elles, seront ceux qui les firent, quiconque met en elles sa foi [Psaume 135, 15-18].

11

LES 15 COMPORTEMENTS DU MANAGER

Je vais aborder les quinze comportements possibles du manager. Le premier est la congruence. J'imagine que vous mettez en harmonie vos actes avec vos paroles, avec votre enseignement. Explicitez-nous la parabole des deux fils envoyés à la vigne.

Avant de l'expliciter, rappelons le premier livre de la Bible. Nous avons deux récits des origines, qui racontent de manière un peu symbolique la création. Ce qui est remarquable dans le premier récit, et qui caractérise le Dieu créateur, c'est qu'il dit et qu'il fait en même temps, il dit et il crée : il crée les cieux par sa parole…

Dieu est vraiment congruent ; il fait ce qu'il dit et il dit ce qu'il fait !

La congruence est une caractéristique divine, car la parole et l'acte vont ensemble – c'est le péché qui viendra les séparer. Comme j'ai moi-même ce rapport très spécifique, très spécial avec Dieu, mon père, il se trouve que je bénéficie du même privilège. Vous vous souvenez de la parabole des deux fils auxquels le père demande d'aller travailler à sa vigne. L'un dit j'y vais et puis, finalement, n'y va pas et l'autre dit « je n'y vais pas » et, en fin de compte, y va. Évidemment, c'est le second que j'ai cherché à mettre en valeur. Parce que le véritable enjeu est de savoir si ceux qui m'entourent, ceux auxquels je parle, sont prêts à donner de leur temps, de leur être pour ce royaume de Dieu que j'annonce. Certains sont spontanément partants mais finalement s'arrêtent devant les difficultés, quand d'autres, qui se sentent plus distants pour des raisons diverses, finalement s'engagent.

Ce qui est annoncé sera fait ?

Le plus important n'est pas que tout le monde se précipite dès le début, mais que chacun donne du sien et finisse par rejoindre l'ensemble des ouvriers.

Deuxième exemple du comportement de manager, l'acte de décision. Comment prenez-vous vos décisions ? Quels en sont les critères ?

Avant de décider, je prie mon père pour comprendre vraiment les enjeux. Une décision demande avant tout un recueillement. Se recueillir veut dire que l'on se rassemble en soi-même afin de capter toutes ses énergies, toutes ses forces et, dans ces moments-là, il y a des paroles qui me sont données, qui m'orientent dans tel ou tel sens. Le premier moment de ma décision est donc un moment de paix, de tranquillité et de recueillement.

Pesez-vous le pour et le contre en permanence ?

Non, car si je pèse le pour et le contre, cela voudrait dire que je mesure, alors que – je vous le répète – je ne mesure jamais. C'est quelque chose qui est étranger à ce que je suis. J'essaye, au contraire, de me dégager de toute contingence pour prendre la décision qui va émerger peu à peu, qui ne sera pas nécessairement celle qui recueillera le sentiment de la majorité. La prière m'aide beaucoup plus pour prendre une décision…

La décision que vous prenez est-elle la vôtre ou celle que vous imaginez que votre père aurait prise dans une même situation ?

C'est celle que je reçois. Mon père m'influence mais je fais mienne la décision prise.

Vous assumez votre décision…

Oui car je me rends compte que cette décision, est celle qui est en rapport avec qui je suis au plus profond de moi. Je n'ai donc pas de mal à l'assumer. C'est une réalité qui s'impose à moi et avec laquelle je suis en plein accord.

Donc, pas de décision à l'emporte-pièce, mais une décision réfléchie !

Il n'est pas interdit ensuite de discuter avec ceux qui m'entourent, de voir avec eux ce qu'il en est, comment le mettre en œuvre... Mais fondamentalement, la décision ne vient ni d'eux, ni de moi.

Troisième élément du comportement du manager, celui de motivateur. Comment faites-vous pour motiver vos troupes ? Leur promettez-vous un avenir meilleur, sur terre ou au ciel ? Vous avez parlé du sel de la terre, reconnaissez-vous vos collaborateurs comme le sel de la terre ?

Vous savez bien que, quand on a des collaborateurs, ils ne sont jamais tous de la même espèce. Donc ce qui fonctionne avec l'un, ne fonctionne pas avec un autre. C'est le problème de toute communauté, il faut s'adapter à chacun. En ce qui me concerne, pour les motiver, je rappelle fréquemment la finalité de notre rassemblement, le fait que nous soyons ensemble.

Dans votre projet d'entreprise ?

Oui, l'annonce du royaume de Dieu, ma présence sur terre. J'ai eu beaucoup d'échanges avec eux et j'ai utilisé aussi beaucoup de paraboles pour leur expliquer le royaume. Il existe une formule fréquente dans la Bible, que j'ai reprise un peu à mon compte tout en l'adaptant : « Le royaume de Dieu est comparable à un grain de blé, au sel de la terre... » La formule « le royaume de Dieu » m'a permis d'expliciter beaucoup de choses...

Avec la répétition en permanence.

La répétition, d'abord, l'autorité ensuite, c'est le deuxième élément pour motiver mes disciples... Ces derniers ont toujours vanté l'autorité de ma parole. Dieu dit et cela est. Ils ont été sensibles à ma parole qui n'était pas perçue comme une parole comme les autres. Elle disait et faisait en même temps. Ils ont affirmé que mon autorité n'était pas comme celle des scribes, alors que ceux-ci, des lettrés, représentaient justement l'autorité en lisant et travaillant la parole de Dieu, en délivrant l'enseignement officiel. Je crois qu'ils ont apprécié le charisme d'un homme.

Cela a dû vous flatter. N'y a-t-il pas un petit péché d'orgueil ?

Je ne crois pas, parce que je connais, non seulement les qualités, mais aussi les faiblesses des êtres humains. Ce sont mes disciples qui parlent et non moi. Ce sont eux qui affirment que ma parole est différente de celles des scribes. Quand vous écoutez la parole de quelqu'un, d'un homme politique quel qu'il soit, vous ressentez de manière plus forte ce qu'il dit si vous êtes en harmonie avec lui.

Quatrième élément du comportement managérial : le meneur d'hommes. Comment faites-vous pour mener vos troupes ? Faut-il bien les connaître, leur parler comme un bon pasteur s'adresse à ses brebis ?

J'ai ce privilège d'être très sensible à la relation humaine, ce qui me permet de connaître les hommes extérieurement mais aussi intérieurement.

Prenons l'exemple de ma relation avec Pierre. C'est un homme de bonne volonté, fougueux, qui est prêt à se lancer, un homme qui n'hésiterait pourtant pas, j'en suis sûr, à me renier... Je connais Pierre presque mieux qu'il ne se connaît lui-même et, du coup, je vais devoir m'adresser à lui, de temps en temps, de manière un peu forte, un peu dure. Comme avec un cheval un peu fougueux, qu'il faut parfois brider. C'est ce que j'ai fait quand nous étions près de la source du Jourdain, alors qu'il me déniait le sort qui m'attendait.

Je crois que la meilleure manière d'accompagner les personnes, de les aider au maximum, c'est d'utiliser la confiance et le parler-vrai. Si vous les menez à la baguette, que se passera-t-il quand il n'y aura plus de baguette ? Si vous leur faites confiance et s'ils ont confiance en vous, si la confiance est réciproque, alors le résultat sera infiniment meilleur et vous aurez des gens qui vous seront tout dévoués.

Mais alors pourquoi les considérer comme des brebis ? Pourquoi cette image de pasteur ?

Il y a plusieurs raisons. D'abord, l'autorité de ma parole. Comme je l'ai répété dans plusieurs paraboles, les brebis écoutent la voix du pasteur mais pas une autre voix. Elles écoutent « leur » pasteur. Il y a ensuite la simplicité de l'image. De la même manière qu'il y a un berger et son troupeau, il y a un maître avec ses disciples. Tout le monde comprend cette image…

Mais vous auriez pu être une brebis parmi les autres, une brebis un peu plus dégourdie, sûrement, mais une brebis, tout de même. Pourquoi se positionner comme un berger, en position de supériorité ?

La révélation de ce royaume qui vient, m'a été faite à moi et non à eux. Et c'est Jean-Baptiste au départ qui les a rassemblés.

C'était lui le berger ?

C'était lui initialement le berger. C'est lui qui avait cette voix qui portait. Quand on veut se représenter Jean-Baptiste, on le voit comme une voix qui crie dans le désert. L'image est intéressante car il s'agissait bien d'une voix qui véhiculait un certain propos. Mon message est un petit peu différent, mais il est porté par une voix dont l'objectif est de rassembler. Et ceux que je rassemble ne sont pas des brebis au sens de « moutons de Panurge » qui vont se jeter dans l'eau… Non ce sont des gens qu'on essaie de former avec conscience et intelligence, mais qui sont sensibles à une voix qui parle vraiment, non seulement à leurs oreilles mais à leur cœur…

Cinquième élément du comportement de manager : l'assertivité. Elle consiste à dire que c'est bien quand c'est bien, et dire que c'est mal quand c'est mal. C'est ne pas utiliser la langue de bois.

Vous-même, êtes-vous assertif dans vos contacts avec les autres ?

Nous avons déjà évoqué ce thème. Et je n'ai pas de réponse évidente. Je crois l'être car aucun disciple ne m'a lâché, encore que Judas semble prêt à le faire. Ma parole devait leur convenir par cette transparence extrême, et ils ont dû y trouver un certain réconfort. Notre groupe leur apportait une certaine forme de joie, de paix et de bonheur…

Avec Pierre vous avez été très franc. Voilà un bon exemple d'assertivité. Vos propos n'étaient ni diplomates, ni hypocrites…

Je vous l'ai dit, je préfère dire ce que je pense, recadrer qui doit l'être. Mais cela n'exclut pas la bienveillance. Finalement, grâce à vous, j'affine ma propre connaissance : je suis donc assertif et bienveillant…

Dieu dit : « Que la terre produise des êtres vivants selon leur espèce : bestiaux, bestioles, bêtes sauvages selon leur espèce » et il en fut ainsi.

Dieu fit les bêtes sauvages selon leur espèce, les bestiaux selon leur espèce et toutes les bestioles du sol selon leur espèce, et Dieu vit que cela était bon.

Dieu dit : « Faisons l'homme à notre image, comme notre ressemblance, et qu'ils dominent sur les poissons de la mer, les oiseaux du ciel, les bestiaux, toutes les bêtes sauvages et toutes les bestioles qui rampent sur la terre. »

Dieu créa l'homme à son image, à l'image de Dieu il le créa, mâle et femelle il les créa.

Dieu les bénit et leur dit : « Soyez féconds, multipliez, emplissez la terre et soumettez-la ; dominez sur les poissons de la mer, les oiseaux du ciel et tous les animaux qui rampent sur la terre » [Genèse 1, 24-28].

12

LES 15 COMPORTEMENTS DU MANAGER (SUITE)

Sixième comportement de manager : la pédagogie. Quel style de pédagogue êtes-vous ? Préférez-vous expliquer plutôt qu'imposer ? Êtes-vous patient dans vos explications ? L'utilisation des paraboles est-elle essentielle dans votre enseignement ?

Les paraboles représentent une forme d'analogie et constituent un outil précieux pour parler de quelque chose, sans avoir trop l'air d'en parler... Si je dis que telle boîte est en feuille de palmier, j'aurais décrit quelque chose, mais je n'aurai peut-être pas dit beaucoup de choses sur la boîte. En revanche, si je raconte toute une histoire autour de cette boîte, j'en dirai beaucoup plus. J'ai beaucoup utilisé la parabole parce que c'est une forme d'enseignement classique, proche de ce qu'on appelle les *midrashim* dans les traditions juives. Les rabbins autres que moi les pratiquent également.

Et vous préférez expliquer, plutôt qu'imposer...

Bien sûr, car une formule donne à penser...

Vous préférez expliquer, c'est bien, mais il ne faudrait pas que demain une explication devienne un dogme qui s'impose indépendamment de vous...

Une explication peut devenir un dogme quand elle correspond à une vérité essentielle. La base de mon enseignement ne repose pas sur des dogmes car je demande un assentiment profond de la personne qui le reçoit. L'assentiment exclut la contrainte et il faut que la personne soit en harmonie avec mes propos. Mais l'adhésion n'est jamais absolument définitive. Je vous ai rappelé que certains de ceux qui m'avaient suivi étaient susceptibles de me quitter, et il semble que ce soit le cas aujourd'hui de Judas. Donc rien n'est jamais totalement acquis. J'ai, un jour, posé la question suivante à mes disciples : « Mais vous alors, vous allez partir ? » Et Pierre m'a répondu : « Mais à qui irions-nous Seigneur ? Tu as la parole de la vie éternelle. »

Pourtant ils sont libres et peuvent ne pas me suivre jusqu'au bout.

Si j'osais, je dirais « que Dieu vous entende » en espérant que ces vérités, demain ne deviennent pas des dogmes...

Il me semble que vous avez peur des dogmes que vous comprenez dans un sens écrasant. Tout dépend de la vérité qu'ils veulent transmettre.

Les écritures juives disent que Dieu a créé par sa parole. Mais si quelqu'un disait que Dieu a créé le monde avec une baguette de tambour, il ne s'agit plus d'une vérité. Il existe donc des vérités essentielles sur lesquelles on ne peut pas revenir. Si les gens ne croient pas que j'ai un rapport particulier avec ce Dieu que j'appelle mon père, ils ne me suivront pas. Du reste, beaucoup ne l'ont pas fait. Ils n'ont pas cru, et c'est tout à fait légitime, c'est leur droit. Mais d'autres ont reconnu l'autorité de cette parole, m'ont cru et m'ont suivi. Il n'y a pas d'obligation, mais ceux qui m'ont suivi diront qu'ils l'ont fait parce que je suis dans la bonne voie…

Septième élément du comportement, l'exemplarité. Êtes-vous exemplaire, êtes-vous irréprochable ?

Dans ma prédication, je mets souvent en cause la distance qui existe entre la parole de Dieu et la parole des hommes. La parole de Dieu dit et fait. Or, souvent, la parole des hommes est différente : on dit et on ne fait pas. Il se crée une réelle distance entre nos paroles et nos actes. J'attribue cette distance à ce que l'on appelle le péché, ce qui apparaît dans les écritures, par exemple avec l'histoire d'Adam et Ève, dans le récit de création présenté dans le livre de la Genèse. Le péché est le fruit plus ou moins involontaire de la transgression, de la distance mise avec la parole de Dieu. Je me fais un point d'honneur à abolir, personnellement, cette distance et c'est ce que constate mon entourage. Je manifeste un accord profond entre mes paroles et mes actes.

Huitième élément du comportement : la ruse. Êtes-vous rusé ? Êtes-vous lion ou renard ?

Ni l'un ni l'autre, je suis un homme proche des autres. Je reconnais qu'il y a, par moments, des vérités qui ne peuvent pas être assénées brutalement, qui demandent une espèce de conversion intérieure pour être accueillies. Et de ce point de vue, j'ai invité mes disciples à être « rusés comme des serpents et candides comme des colombes ». Évidemment, ils ont annoncé une vérité que nous pensons importante, puisque c'est pour elle que je suis venu, et que j'ai créé ce mouvement. Mais j'ai eu et ils auront affaire à forte partie.

L'essentiel de mon ministère s'est exercé en Galilée. Maintenant je suis à Jérusalem, mais pendant longtemps je me suis tenu à l'écart de Jérusalem à cause précisément du roi Hérode que j'ai qualifié de renard. Le renard, ce n'était pas moi, c'était Hérode. Je me suis longtemps dit que ce n'était pas le moment de monter à Jérusalem car j'avais une parole à transmettre, un groupe à former, à enseigner. Si j'étais allé tout de suite à Jérusalem, sans doute m'aurait-on cloué le bec immédiatement et ce n'était pas opportun. En revanche, lorsque le moment paraît venu, je crois qu'il ne faut pas réfléchir pendant longtemps. Il y a un temps où il faut prendre sur soi et assumer un risque.

Mais on peut aussi ruser. Dans les textes sacrés, il y a des exemples de ruse. Je pense, à Abraham qui arrive en Égypte avec Sarah, sa femme, et qui sait que Pharaon a pour mauvaise habitude de coucher avec les femmes et de tuer leur mari, et donc Abraham présente Sarah comme sa sœur pour éviter d'être tué, c'est bien une ruse ?

Oui, c'est une ruse, et je ne suis pas le seul à penser qu'Abraham était un rusé. Vous citez un très bon exemple qui s'est répété plus tard avec Isaac. Certains rusent par peur mais je penche plus pour l'opportunité. La peur n'est jamais bonne conseillère, en revanche la prudence est une vertu.

Peut-on dire qu'Abraham était aussi prudent que rusé ?

Peut-être qu'à son époque, il a sans doute eu un peu peur. Quand je parle d'être candide comme les colombes, et rusé comme le serpent, ce n'est pas la peur qui me conduit à ce comportement, il est question d'opportunité.

Neuvième élément du comportement : l'exigence. J'imagine que vous êtes exigeant vis-à-vis de vous-même comme vis-à-vis des autres. Êtes-vous un bourreau du travail ?

Difficile de répondre à cette question, seul mon entourage pourrait le faire. En tout cas, ils constatent qu'il y a accord entre mes paroles et mes actes. Tout pasteur doit être exemplaire. Je crois qu'il n'y a rien de caché qui n'apparaisse un jour ou l'autre. Ne nous leurrons pas. Tout se révélera, tout se saura. Pour éviter que certains ne jouent contre vous, il est préférable d'être le plus clair possible vis-à-vis de soi-même et vis-à-vis des autres.

Dixième élément de comportement : la confiance et la délégation. Déléguez-vous beaucoup ? Confiez-vous des tâches importantes à certains de vos collaborateurs ?

Je vous ai raconté que des disciples étaient partis quelques jours, annoncer cette bonne nouvelle de la présence du royaume de Dieu au milieu des hommes et qu'ils étaient revenus contents. Ils avaient réalisé leur mission de manière tout à fait autonome et je leur avais demandé un rapport oral, sur son déroulement et ses résultats. Donc oui, la confiance et la délégation sont nécessaires.

On ne juge pas ici de la qualité d'un melon ou de la qualité d'une orange, mais de la qualité d'une vie intérieure, de la profondeur de ce qui est vécu. Et si ce n'est pas fait dans la confiance, dans la vérité, le résultat ne sera pas au rendez-vous.

Onzième élément : la disponibilité. Êtes-vous toujours disponible vis-à-vis de vos collaborateurs ? Répondez-vous positivement aux sollicitations ? Ou bien, vous faites-vous désirer ?

Ce qui est sûr, c'est que j'étais sur les routes, avec un message bien particulier, et j'ai rencontré beaucoup de monde. La situation était à l'inverse de celle de Jean-Baptiste. On venait le voir pour sa réputation, sa droiture, sa rigueur... Quant à moi, les gens avaient la possibilité de me croiser sur les routes, pour me demander une parole ou un conseil, pour solliciter une guérison...

Vous étiez donc très disponible ?

Oui, au point que souvent mes disciples me protégeaient afin que je ne sois pas submergé. Souvenez-vous de l'épisode du paralysé passé par le toit de la maison de Pierre, des bateaux que j'empruntais pour prêcher... J'étais à la disposition de gens. Que feront les disciples que j'ai formés, je n'en sais rien. Je suppose que le message auquel je crois et que j'ai proposé, gardera toute sa valeur et sa profondeur et peut-être plus encore après moi, mais en tout cas il leur appartiendra de prendre les choses en main, je leur fais totalement confiance.

Douzième élément : la réactivité. En définitive, par rapport à cette disponibilité dont vous avez fait preuve, il a fallu réagir en permanence. Mais quelle est votre disposition la plus sereine, préférez-vous agir ou réagir ?

Cela va dépendre des circonstances. Au départ j'agis, c'est moi qui propose, c'est moi qui arrive, c'est moi qui guide le troupeau... Mais au fil du temps, j'ai subi de plus en plus de pression, j'ai connu l'adversité. J'ai été bousculé, en particulier par un groupe de Pharisiens. Ceux-ci constituent un groupe très pieux qui cherchent à préserver le message authentique de la parole de Dieu, à lui garder toute sa pureté. Du coup, ils dressent une haie autour de cette parole de Dieu pour éviter qu'elle ne soit contaminée par l'impureté.

Ma conviction est tout autre. Je ne pense pas que la pureté puisse être contaminée par l'impureté. Je crois, au contraire, que la pureté peut contaminer l'impureté et, du coup, la transformer, la transfigurer. Je n'ai donc pas hésité à dépasser des limites qu'on me mettait – interdiction par exemple de s'asseoir à la table des publicains et des collecteurs d'impôts ; interdiction de toucher les gens malades et ceux porteurs de blessures ; interdiction d'agir et donc de guérir le jour du sabbat.

Or je pense que la guérison est plus importante que le sabbat, et la miséricorde que l'observance. Dans ce même ordre d'idée, j'estime que la pureté peut vaincre l'impureté. Je n'ai donc pas hésité à risquer d'agir le jour du sabbat, puisqu'il me semblait qu'il allait en sortir un plus grand bien plutôt que de ne rien faire du tout. Et c'est ainsi que j'ai eu des accrochages très violents avec les purs, ou du moins ceux qui se considèrent comme tels, parce qu'ils ne comprenaient pas l'attitude qui était la mienne vis-à-vis d'un certain nombre d'observances. Pour moi, cela faisait partie du message que je proposais : la présence du royaume de Dieu, c'est aussi la présence de la paix et de l'amour. Il est donc important de mettre en valeur cette présence à travers ces gestes-là…

Êtes-vous transgressif ?

Quand il le faut.

Treizième élément de comportement : l'enthousiasme. Êtes-vous quelqu'un d'enthousiaste ou quelqu'un de modéré ?

Vous savez d'où vient le mot « enthousiasme » ? Il vient de « tripes », c'est quelque chose qui sort des tripes. On est enthousiaste quand tout son être s'exprime... Un enthousiaste est une personne possédée par un feu intérieur...

Y a-t-il aussi une influence divine dans l'« enthousiasme » ?

Dans la tradition juive, il y a des prophètes qui apparaissent comme des exaltés mais, en général, ce ne sont pas de vrais prophètes, car il s'agit d'un faux enthousiasme. Si on vous dit qu'il faut faire la fête, alors que vous n'avez aucune envie de la faire, vous ne pouvez pas vous forcer car tout le monde comprendra votre mal-être...

Alors enthousiaste ou modéré ?

L'enthousiasme naît de la conviction profonde qu'il faut que la terre entière reçoive le vrai message qui est nécessaire à mon peuple.

Donc vous êtes convaincu… et convaincant.

Absolument. Cela dit, il faut parfois être modéré quand les circonstances ne se prêtent pas à l'enthousiasme. Être inutilement provocant n'apporte aucun bénéfice.

Quatorzième élément de comportement : la bienveillance. Votre mode de management est-il neutre, modéré, exalté, voire intransigeant ? J'y vois une forme de bienveillance. Est-ce exact ?

Bienveillant est le mot juste, car l'essence de mon message passe par l'attention aux autres, y compris et surtout aux plus petits, aux plus modestes, voire aux ennemis. J'ai dit à mes disciples qu'aimer ses ennemis pouvait paraître étonnant, mais tout être humain a été conçu à l'image de Dieu. Il possède une part divine en lui quoi qu'il ait fait, quoiqu'il ait vécu… Il y a toujours quelque chose en lui de bon, de beau, de bien. Aussi il est important non pas de condamner, mais toujours d'essayer de faire revivre cette part divine, un peu comme on ranime un feu qui dort.

C'est presque de l'empathie, se mettre à la place des autres…

C'est une forme d'empathie. Je vois donc la bienveillance comme une composante essentielle de mon message, puisqu'il invite à l'attention auprès du plus modeste, du plus petit, du plus éloigné, du plus pauvre, y compris les enfants.

Quinzième élément : la force. La bienveillance ne veut pas dire la faiblesse. Comment vous comportez-vous face à l'épreuve ? Savez-vous faire preuve de force justement ? Par rapport aux Romains, par exemple, la force est-elle envisageable ?

Ma révolution n'a jamais été physique ou matérielle. J'ai choisi la révolution des consciences, de l'être intérieur. C'est ce que la tradition juive appelle la *Teshuva*, c'est-à-dire la « conversion » – de *shuv*, qui veut dire « se tourner ». La *Teshuva*, la conversion, est un élément essentiel dans la tradition juive, car on est toujours en chemin de conversion. Ma révolution n'est pas extérieure. Les Romains constituent, pour moi, une donnée que je reçois, qui existe. Si je devais me battre contre eux, je le ferais en les invitant à se convertir. Du reste, c'est ce que j'ai fait en rencontrant un jour un centurion. Il se trouve que certains d'entre eux sont sensibles à la beauté, à la justesse de notre tradition. On les appelle chez nous des « Craignant-Dieu ». Ils sont assez proches du judaïsme et j'ai voulu me tourner vers eux aussi, je ne les ai pas combattus. La révolution se situe à un tout autre niveau, sachant que la dimension passive n'a jamais été une faiblesse, mais plutôt une force. J'ai toujours privilégié la force intérieure à la force physique.

Ne porte pas envie aux méchants, ne souhaite pas leur compagnie,

Car leur cœur ne songe qu'à la violence, leurs lèvres n'expriment que malheur.

C'est par la sagesse qu'on bâtit une maison, par l'intelligence qu'on l'affermit ; par le savoir on emplit ses greniers de tous les biens précieux et désirables [Proverbes 24, 1-4].

13

CONTINUITÉ ET RUPTURES

Par rapport à votre comportement de manager, le fait d'oser est-il une composante importante de votre personnalité ? Aimez-vous oser ? Savez-vous oser ? Devez-vous oser ? Par exemple, vis-à-vis des Romains, comment vous comportez-vous ?

Je ne sais pas si je peux dire que j'ose. Je réponds à des sollicitations, j'essaie d'être ouvert quand on m'invite à rencontrer des enfants par exemple ou bien des personnes malades. Je vais à leur rencontre. On me les apporte… Que met-on derrière le verbe oser ? Si oser consiste à franchir toutes les barrières, je n'ose pas nécessairement. Si oser invite au dépassement d'une loi beaucoup trop stricte, comme celle qui interdit de travailler pendant le sabbat lorsqu'il y a pourtant des enfants malades ou des personnes à secourir, là je n'hésiterais pas à oser. Mais il y a d'autres moments où je crois opportun d'être discret. Pas secret mais discret.

Êtes-vous un homme de rupture ?

Pour une part.

En opposition à la loi du talion, vous préférez tendre l'autre joue...

Absolument !

Il y a donc bien une rupture...

Certes.

Et il faut oser...

Il y a des ruptures qui s'imposent. Mais la loi du talion proposait déjà une rupture car elle était miséricorde. C'est au niveau de mon comportement que les reproches les plus vifs ont été formulés.

On m'a reproché, par exemple, d'avoir rencontré un centurion romain, de m'être entretenu avec lui. Mais rencontrer ne veut pas dire pactiser... Il s'agit d'une occasion d'échanger et, à ce titre, il est toujours important de discuter avec autrui...

Peut-on dire que vous êtes un homme de relations publiques ?

Sans doute. C'est très important parce que le message que je porte est universel, il dépasse le cercle des Juifs. Très vite, je me suis rendu compte que cet appel devait aller plus loin. Mais sans doute que mes successeurs, mes disciples le feront-ils en leur temps.

Il faut donc élargir le champ…

Élargir le champ de la rencontre et ne pas s'imposer de principes a priori. Car la peur nous impose des principes a priori. Et j'ai souvent reproché à mes disciples d'avoir peur. En dépassant la peur nous réalisons des choses que l'on n'imaginait pas.

Nous manquons souvent de confiance en nous.

Prenons l'exemple de l'enfant qui lâche la main de son père lorsqu'il apprend à marcher. À un moment, il a peur de tomber. Puis, dans un second temps il prend confiance en lui.

La confiance est-elle plus naturelle quand le comportement est désintéressé ? En ce qui vous concerne, votre comportement de manager est-il désintéressé ?

Cette question s'accorde tout à fait avec mes convictions et touche le thème de la gratuité. Je promeus un comportement qui est, pour moi, une bonne nouvelle – un *évangile*. À savoir que nous devons faire les choses « gratuitement ». Cela se traduit concrètement par l'amour, celui des autres, et de Dieu. S'il est vraiment amour, s'il est vraiment gratuité, l'amour pour moi n'a pas de limite, on ne peut pas l'enserrer, on ne peut le fixer quelque part, on ne peut le mesurer, il va toujours plus loin, sans filet.

Et sans attendre quelque chose en retour ?

Absolument.

De manière immédiate ?

Oui, parce qu'encore une fois, si j'attends quelque chose, cela veut dire que j'ai mesuré cet amour.

Si on irradie du positif, on recevra du positif.

Sans doute ! Un ami va visiter une personne et il y a du monde autour. Celle-ci semble un peu fatiguée. Mon ami lui tend un verre. Peu de temps après, celui qui a reçu ce verre lui apporte un café. C'est tout simple. On a donné, on reçoit. Mais il n'a pas donné en espérant avoir un café en retour. Il a donné un verre d'eau pour celui qui avait soif. Il se trouve qu'en retour, il a reçu un café parce qu'il était lui-même fatigué.

Je prends volontairement une histoire assez banale, pour montrer que souvent on a des retours. La difficulté réside dans ce que j'appelle

« l'attente symétrique » : on attend souvent un retour équivalent à celui du don. Il s'agit de la même attente que dans la loi du talion : œil pour œil, dent pour dent.

Je préfère promouvoir la relation que j'ai avec mon Père et qui n'est pas symétrique : donner sans compter, sans mesurer, sans savoir s'il y aura quelque chose en retour. Et ce qui est reçu ne sera pas nécessairement en rapport avec ce qui a été donné.

Donner sans espérer recevoir se vérifie dans le pardon. J'imagine que vous préférez le pardon plutôt que la vengeance…

Normalement, à telle faute correspond tel châtiment et la justice s'applique de manière automatique. La justice est aussi importante que la miséricorde. Mais pardonner, c'est accepter de dépasser cette justice immédiate, d'aller au-delà, d'accepter par exemple de ne rien recevoir en retour alors même que pourtant j'ai pu être offensé. C'est essentiel dans le comportement asymétrique dont j'ai parlé. Rappelez-vous ma réponse à mes disciples sur le nombre de pardons à accorder. Ils pensaient sept fois, car ce chiffre est symbolique dans notre tradition, mais ironiquement je leur ai répondu soixante-dix fois sept fois…

Le pardon s'enseigne-t-il ?

Oui, par la parole et par l'exemple.

Et le résultat de cet enseignement doit de nouveau se partager... Vous devez être heureux de voir vos disciples enseigner ce qu'ils ont appris, annoncer la bonne nouvelle...

Mes disciples ont une lourde responsabilité. À eux de réaliser ce royaume de Dieu sur la terre, à travers le rassemblement des tribus d'Israël. Mais il est clair que je ne sais pas comment ils se débrouilleront une fois que je ne serai plus là. Je souhaite qu'ils reçoivent l'esprit qui m'a animé.

Il y a donc une répartition des responsabilités. Mais la richesse aussi se répartit. Vous-même, vous avez cité la parabole du riche insensé qui illustre cette répartition...

Savez-vous que la tradition juive estime que la richesse est une bénédiction divine ? Donc plus on est riche, plus on est béni ! Mais ce n'est pas toujours vrai et déjà les Écritures se sont inscrites en faux vis-à-vis de cette assertion notamment en citant Job. Celui-ci est d'abord riche et possède d'innombrables troupeaux. Et ces troupeaux sont aussi importants que les enfants à cette époque. Et puis tout lui est enlevé du jour au lendemain.

Job supporte avec résignation la perte de ses biens, de ses enfants, ainsi que les souffrances de la maladie. Je crois qu'on a tous conscience de notre finitude et il est important de ne pas accumuler pour simplement accumuler. En revanche, je crois que la richesse est une bonne chose si, au lieu d'être thésaurisée, elle est redistribuée. C'est pour cela que j'ai eu plusieurs paroles assez dures à l'égard des riches, en disant qu'il sera plus difficile à un riche d'entrer dans le Royaume de Dieu qu'à un chameau de passer par le trou d'une aiguille. La difficulté réside dans le fait que toutes les idoles sont attrayantes et l'argent en est une. Il peut enserrer celui qui le possède dans ses filets. J'ai toujours appelé à la méfiance, à la prudence. Mais en soi, effectivement, la richesse peut représenter une bénédiction divine ou être aussi le fait d'une sage gestion…

Un élément du comportement qui vous caractérise bien c'est le fait d'avoir une conduite de vie, une éthique et des valeurs.

Il s'agit d'annoncer la présence du royaume de Dieu sur terre. Dans notre tradition, il est annoncé par les prophètes. Quel est ce royaume ? C'est un monde de justice et de paix, d'équilibre et de droiture, de richesses équitablement réparties… Le prophète Isaïe avait annoncé un royaume dans lequel le loup cohabiterait avec l'agneau, l'enfant pourrait mettre la main sur un trou de serpent sans qu'il soit atteint… Si je veux qu'un tel royaume existe et se propage, il est important de le vivre déjà.

Vous le vivez en vous appuyant sur des valeurs au rang desquelles se trouve l'estime de soi. Avez-vous une haute opinion de vous-même ?

Je ne pense pas faire preuve d'un égocentrisme forcené. En revanche, quand je prône l'amour de Dieu et l'amour des autres, il me paraît clair qu'il doit s'accompagner d'une juste estime de soi. Voir des personnes se mésestimer, m'attriste car je l'analyse comme un comportement morbide, voire orgueilleux, qui empêche toute avancée, toute évolution.

Pour aimer les autres, il faut s'aimer soi-même ?

Oui ! Si je donne quelque chose aux autres, c'est parce que je l'ai moi-même reçu et que je l'apprécie. Je dois être capable d'apprécier ce qui m'est donné et capable de l'accueillir, de rendre grâce… Cela veut dire que l'estime de soi est toujours à la racine de la relation aux autres. Il faut savoir vivre avec soi-même pour bien vivre avec autrui. Mais un comportement strictement altruiste peut représenter une certaine forme de mépris de soi. Certains peuvent s'extérioriser parce qu'ils ne savent pas vivre en eux-mêmes. Or il est important, pour moi, de savoir vivre aussi en soi-même.

> *Dieu, donne-nous la grâce d'accepter avec sérénité les choses qui ne peuvent être changées, le courage de changer celles qui devraient l'être, et la sagesse de les distinguer l'une de l'autre [Prière de la sérénité].*

> *Il y a encore bien d'autres choses qu'a faites Jésus. Si on les mettait par écrit une à une, je pense que le monde lui-même ne suffirait pas à contenir les livres qu'on en écrirait* [Jean 21, 25].

14

LA PERSONNALITÉ DU MANAGER

Si nous terminions par la personnalité du manager ? Un manager est-il un leader ou un coach ? Doit-il être charismatique ? Du reste, votre charisme comment s'exprime-t-il ?

Précisons, tout d'abord, que je n'ai pas le sentiment d'être une personnalité extraordinaire. D'autres personnes rassemblaient des disciples, réalisaient des miracles… Ma principale différence réside sur la force de la parole que je prononce : elle est l'écho direct de la parole même de Dieu, auquel me relie un lien très unique.

Là vous faites allusion au fond, j'imagine ? Mais en ce qui concerne la forme, est-ce que la voix, le regard, le geste, le débit de la parole, est-ce que tout ceci exerce une influence, justement sur le message ?

Il est très difficile de parler de soi parce que je ne m'entends ni ne me vois. Une introspection n'y suffirait pas… Je dois donc me fier à la parole des autres et faire fi de mon ressenti. Il m'a été rapporté que ma parole, ma voix étaient douces, mais qu'elles savaient aussi être dures ! Quand je dis à Pierre « Arrière Satan », je ne le caresse pas dans le sens du poil... Il m'a aussi été dit que mon visage portait le témoignage du bonheur, mais il porte aussi les stigmates de la fatigue quand je voyage beaucoup, quand je rencontre des situations difficiles...

Justement, on dit que vous vous déplacez sur un âne. Est-ce de l'humilité, de la fausse modestie, ou tout simplement un manque de moyens financiers ?

Je ne me suis jamais déplacé sur un âne, je me déplace généralement à pied, sauf pour entrer à Jérusalem. J'avais invité mes disciples à aller chercher un petit âne, car derrière ce geste se cachait une prophétie avancée par Zacharie. Cette prophétie annonçait le retour du Messie sur un âne, comme pour insister sur son retour peu glorieux. Mon entrée à Jérusalem a donc été très ambiguë, certains m'ont acclamé et m'ont reconnu comme Messie en agitant des palmes. D'autres se sont moqués de moi, puisque j'étais sur cet ânon et non pas sur un char mené par un grand coursier. L'enjeu était de rappeler que le sauveur attendu ne serait certainement pas celui qu'ils imaginaient. Non, c'était un être humble, devant convaincre par sa parole, peut-être même par son regard de miséricorde.

Ils se sont trouvés face à un personnage humble. Mais derrière votre humilité, ne se cachait-il pas de l'habileté, votre message apparaissant comme… plus sincère ?

Cessez de voir de la communication et du marketing (comme vous dites…) dans mes faits et gestes ! La sincérité était réelle. Mon entrée dans Jérusalem a été conforme aux Écritures et aux prophéties. Mon message est un message de vérité, et pour qu'il soit acceptable par mon peuple, il était nécessaire qu'il soit en conformité avec ses attentes. Vous pouvez y voir une certaine mise en scène, mais il s'agissait de la mise en œuvre de cette vocation qui était la mienne : annoncer un royaume qui se livrait dans l'humilité, dans la douceur, dans la paix. Je ne me suis donc pas privé d'annoncer la bonne nouvelle par la parole et par le geste.

J'entends bien, mais il s'agit d'une certaine forme de « séduction » ! Êtes-vous un séducteur et si oui, quel style de séducteur êtes-vous ?

Savez-vous que la séduction est vieille comme le péché ? Je pense au péché d'Adam et Ève qui ont trouvé un arbre avec un fruit de vie. Le livre de la Genèse raconte qu'ils ont été séduits par son fruit, ce qui confirme qu'il y a toujours dans l'être humain, une forme de séduction, un souci d'être entendu, d'être écouté. Mais je crois qu'il faut distinguer deux types de séduction.

La passive, naturelle et spontanée qui va s'imposer d'elle-même, qui n'aura pas été recherchée.

Et l'active, celle par exemple de Jean-Baptiste qui est dans le désert et qui attire les foules. Et pourtant, je peux vous le dire, ce n'était pas un être « séduisant »... Il ne payait pas de mine et pourtant il séduisait parce que son message était séduisant. En revanche, d'autres personnes essayent de séduire pour séduire, dans le cadre d'une séduction que je qualifierai de « négative » et qui n'apporte rien.

Si la séduction peut caractériser un manager, sa manière de faire avancer ses équipes est intéressante à analyser. Vous-même, comment faites-vous pour les faire avancer ? Vous les tirez ou vous les poussez ? Êtes-vous manager ou leader ?

Le disciple marche toujours derrière son maître, c'est un principe dans notre tradition. Et le maître, en tête devant ses disciples dit « allons-y » et non « allez-y » !

Le maître est-il toujours devant ?

Pas toujours. Je vous ai signalé l'épisode parabolique de la brebis perdue. Le pasteur marche généralement devant les brebis sinon elles se perdent. Mais le pasteur porte attention à toutes les brebis, même la centième, surtout la centième, celle qui s'est perdue. Et il est prêt à abandonner les quatre-vingt-dix-neuf autres pour aller chercher la centième, et donc à se retrouver derrière le troupeau portant sur ses épaules la brebis égarée, la ramenant parmi les autres. Peu importe qu'il soit manager ou leader, car le pasteur est à la fois celui qui marche en tête et qui tire, et celui qui marche derrière pour soutenir, et qui pousse !

Il s'agit presque d'un comportement de coach qui connaît bien ses brebis, ses équipes et qui aide en fonction des besoins…

Quand j'ai évoqué cette parabole de la brebis perdue à mes disciples, j'ai insisté sur ce fait que le pasteur connaît ses brebis, mais aussi que les brebis le connaissent. Elles le connaissent au travers de sa voix, et elles lui obéissent, contrairement à la voix d'un étranger. J'ai insisté sur ce point, car un certain nombre de mes disciples avaient suivi Jean-Baptiste puis, après sa mort tragique, m'ont rejoint. Les gens m'ont suivi, mais ils n'auraient pas suivi quelqu'un d'autre, ils ont suivi celui dont ils connaissaient et reconnaissaient la voix.

On va terminer par le bilan de votre action. Quel est votre sentiment sur ce bilan ? Y a-t-il eu des erreurs de management ? Si c'était à refaire, auriez-vous la même vie ? Quel regard portez-vous sur votre parcours ?

Je n'ai jamais conçu ma vie sur cette terre comme devant répondre à un objectif précis de réussite, à des résultats, des chiffres, des comptes... Ma raison d'être consistait à transmettre un message, à le diffuser largement. J'ai repris le message des prophètes de nos ancêtres en l'actualisant à ma manière, selon ma vocation.

Et le message a-t-il bien été transmis, reçu et compris ?

Il est trop tôt pour répondre à cette question. Au moment où vous m'interrogez, je constate que sur les douze disciples que j'avais au départ, onze me suivent et un seul vient de me quitter, Judas. J'ai bien compris qu'à un certain moment, ils auraient du mal à me suivre et qu'il y aurait peut-être de la lâcheté, du renoncement, des trahisons...

Pour Judas, c'était une erreur de management ?

Non. Judas a été mon fidèle disciple pendant trois ans, mais chacun trace sa propre voie et il y a des moments où l'on souhaite avancer différemment face à un événement, comme lorsque j'ai commencé à dire à mes disciples qu'en montant à Jérusalem, j'allais y connaître une triste fin, qu'on allait me juger, me condamner, et même me mettre sur une croix, comme c'était la tradition romaine pour les esclaves...

C'est sûr que le projet d'entreprise n'était pas très exaltant !

Effectivement, je me suis rendu compte que le message passait mal. De quoi sera fait demain ? Je sens bien que les nuages s'accumulent sur ma tête, mais quelle que soit l'issue, je considère que, si je devais faire le bilan de mon action comme vous m'y invitez, j'ai transmis ce que j'ai reçu.

Je crois avoir été fidèle envers celui que je considère comme mon père et qui est Dieu. Je suis bien conscient que beaucoup ne me suivent pas ou ne me suivront pas sur cette voie que je leur propose, et qu'ils seront plus attirés par la richesse dont nous avons parlé, par les honneurs, par le pouvoir, par la domination contre lesquels je me suis toujours élevé. Qu'en sera-t-il quand je serai élevé de terre, je ne sais pas...

En tout cas, un bilan globalement positif...

Je ne sais pas si on peut le dire comme cela. Ce genre d'appréciation est toujours compliqué, mais je considère, par rapport à la vocation qui est la mienne, avoir réalisé l'appel pour lequel je me suis donné.

Et si c'était à refaire, referiez-vous pareil ?

Oui, parce que c'est un appel et qu'il ne vient pas de moi.

À partir du moment où vous annoncez une vie de gratuité dans un monde qui, par essence, ne peut la vivre, ou la reconnaître spontanément, vous serez toujours en porte-à-faux. Je me suis très vite rendu compte que ma vocation me mettait en porte-à-faux par rapport au monde qui m'environnait, mais je fais confiance à ceux que j'ai rencontrés, à ceux qui ont écouté ma parole, à ceux qui écouteront la parole de mes disciples, pour aller sur ce chemin que je leur ai proposé. Je considère que j'ai réalisé cet appel qui m'avait été transmis.

Que la paix du Seigneur soit avec nous.

Envoi

par

Florian Mantione

Les 7 piliers du management selon Jésus

Grâce à l'entretien que m'a accordé Jésus, j'ai compris la force de son message. J'ai été frappé par la simplicité de ses réponses et de son ton bienveillant.

De ses propos, sept valeurs fondamentales se sont dégagées et ont résonné dans mon être de manager. Car il me semble avoir reçu une leçon de management, Jésus ayant conceptualisé – consciemment ou non – les fondamentaux du management : l'amour, le pardon, l'équité, la bienveillance, l'assertivité, la congruence et la communication

Si les sept piliers du management de Jésus nous semblent une évidence, rappelons trois choses importantes :

– À l'époque de Jésus, un tel comportement était révolutionnaire.

– Si deux millénaires après, ces piliers sont toujours d'actualité, c'est qu'ils sont à la base du management.

– Dans notre entourage, combien de managers devraient s'en inspirer pour améliorer leur propre comportement ?

L'AMOUR

Avec le concept d'amour, Jésus entre en rupture totale avec ce qui se pratiquait alors. Mais deux millénaires plus tard, son comportement demeure d'actualité et se retrouve dans l'entreprise. Un bon manager doit aimer les gens, de manière générale, et plus particulièrement son entreprise, son équipe, ses clients, ses produits...

Le terme amour recouvre trois sentiments distincts dans la Grèce antique : l'éros, la philia, et l'agapè.

La *philia* se rapproche de l'amitié telle qu'on l'entend aujourd'hui, en tant que forte estime réciproque entre deux personnes.

L'*éros* désigne l'attirance sexuelle, le désir, que l'on va exclure du contexte professionnel.

L'*agapè* est l'amour du prochain, une relation univoque que l'on rapprocherait aujourd'hui de l'altruisme. Il se caractérise par sa spontanéité, car ce n'est pas un acte réfléchi ou une forme de politesse, mais une réelle empathie pour les autres. Dans la tradition chrétienne des Pères de l'Église, ce mot est traduit par *charité*.

Bien évidemment, il n'est pas nécessaire d'être « ami » avec ses collaborateurs, ni de les séduire sexuellement parlant, mais le manager doit aimer les autres au sens de l'agapè. Il doit aimer le contact, la relation, les échanges, la communication, les explications, la pédagogie. Tout ceci exige des efforts, il faut donc qu'il soit doté d'une forte dose d'empathie et de bienveillance. Il faut faire preuve de patience, répéter les choses, être positif, sourire, encourager, aider, soutenir...

On ne peut pas se forcer pour adopter un tel comportement : il faut ressentir en soi les valeurs relatives à l'amour car le travail est quotidien. L'amour est plus le prérequis du métier de manager que celui de l'expert. Être manager n'est pas mieux ou moins bien qu'être expert. Être manager doit correspondre à un certain profil où la dimension « amoureuse » est à notre sens indispensable.

Irradions du positif et de l'amour et nous recevrons en retour du positif et de l'amour...

Le pardon

Au sens biblique, pardonner signifie généralement une des deux choses suivantes :

– Quand il pardonne aux hommes, Dieu annule ou écarte le châtiment requis pour le péché ;

– Lorsqu'ils se pardonnent, les hommes se traitent avec un amour chrétien et n'ont pas de mauvais sentiments à l'égard de ceux qui les ont offensés (Matthieu 5, 43-45 ; 6, 12-15 ; Luc 17, 3-4).

Le mot pardon vient du latin *perdonare* composé de *donare*, faire un don, et de *per*, qui marque l'achèvement. Pardonner pourrait se traduire par « donner complètement », c'est la forme sublime du don.

Pardonner, dit aussi un ancien adage, « c'est donner deux fois ». Dans une société de consommation ou l'on jette tout, les objets usés comme les relations abîmées, le pardon, c'est le courage du ravaudage. On accepte de reconstruire autre chose sur les ruines de ce qui était avant. C'est en finir avec la pensée magique selon laquelle c'est toujours l'autre qui joue le rôle du sorcier de qui vient tout le mal.

Le pardon est rarement une décision fulgurante, c'est plutôt un long cheminement. Il s'appuie sur la mémoire de l'acte, mais une mémoire retravaillée, épurée. Cela dit, le pardon n'est pas l'oubli, il n'est pas seulement un acte de la volonté, il ne signifie pas excuser : le pardon n'est pas toujours synonyme de réconciliation, il n'est pas une démission de ses droits.

Dans l'entreprise, le manager doit aider ses collaborateurs à grandir, à corriger les erreurs (tout en sanctionnant les fautes). Pour avancer et faire avancer, le manager doit se projeter dans le futur or le pardon « gomme » le passé négatif. Jésus l'avait anticipé. La force du manager se reconnaît dans sa capacité de pardonner.

L'ÉQUITÉ

L'équité désigne une forme de « juste » traitement qui va au-delà des seules règles de droit ou de la simple égalité.

Dans l'entreprise, le salarié va évaluer la manière équitable dont il est traité, va comparer cette évaluation avec la manière dont d'autres personnes (dans son entreprise ou dans une autre entreprise...) sont traitées et va agir.

Le salarié va évaluer sa *rétribution* vis-à-vis de sa *contribution*.

On entend par *rétribution*, tout ce qu'il reçoit de son entreprise : la rémunération, bien évidemment, mais également la reconnaissance.

De manière plus générale, il est sensible à tout ce que lui procure son employeur : conditions de travail, possibilités de progression, intérêt du travail, accroissement de ses compétences, statut social...

On entend par *contribution*, tout ce qu'il apporte à son entreprise : X heures de travail, sa formation et ses diplômes, ses compétences, son expérience, son comportement, ses efforts, ses résultats, sa fidélité, sa loyauté...

Le salarié rapproche ces deux évaluations et détermine un rapport entre elles. C'est ce que l'on appelle le « ratio d'équité » : rétribution/contribution.

Ce ratio est calculé de manière consciente ou inconsciente par le salarié et il évolue en permanence. Le salarié considérera qu'il est traité de manière équitable quand son ratio d'équité sera perçu comme égal à 1. Cela voudra dire que sa contribution est égale à sa rétribution. Il y a égalité entre les 2 termes de fraction « symbolique ».

Jésus ne vise pas nécessairement un ratio d'équité égal à 1, mais il adopte un comportement équitable en rétablissant un juste équilibre afin de lutter contre les inégalités. Il a pris en compte les pauvres, les plus démunis, les laissés-pour-compte...

Ce comportement demeure toujours d'actualité pour le « bon » manager qui doit aider l'ensemble de ses collaborateurs sans exclusion, sans discrimination.

La bienveillance

Travailler en groupe nécessite de surmonter, en permanence, des difficultés relatives aux relations humaines, aux prises de décision, au respect des engagements, des délais, des coûts, de la qualité…

Jésus a introduit un regard bienveillant dans sa vision du monde, et cette bienveillance peut inspirer, aujourd'hui, un mode de management.

Être bienveillant, c'est illustrer l'étymologie du mot (« vouloir le bien »), c'est chercher ce qu'il y a de positif chez l'autre ou dans la situation présente. C'est se transformer en « orpailleur intellectuel »

Être bienveillant, c'est ne pas voir systématiquement le mal dans l'action de l'autre et considérer qu'une erreur est rattrapable si on accorde les moyens pour grandir. C'est freiner la « machine à juger ».

Être bienveillant, c'est dépasser la simple recherche de la performance pour exceller dans le mieux travailler ensemble. C'est ne pas gérer les relations humaines à l'aide d'un froid tableau de bord.

Être bienveillant, c'est respecter l'autre avec ses différences. C'est faire preuve d'humanité et de confiance dans ses relations interpersonnelles. C'est ne pas se mettre systématiquement en avant, mais au contraire considérer l'autre comme important.

Être bienveillant, c'est se mettre à la place de l'autre pour mieux le comprendre, pour mieux apprécier sa réaction. C'est faire preuve d'empathie.

Être bienveillant, c'est être coopératif afin de trouver, ensemble, la solution satisfaisante pour les deux parties. C'est trouver un compromis acceptable pour tous.

Être bienveillant, c'est reconnaître l'autre, le lui dire, l'exprimer régulièrement. C'est le féliciter dans ce qu'il fait de bien.

Être bienveillant, c'est arborer, en permanence, un large sourire et irradier du positif. C'est poser les fondements d'un bon terreau pour la communication.

Être bienveillant ne veut pas dire être gentil ou laxiste. Cela ne consiste pas à rechercher le consensus mou. Cela n'est pas vivre au pays des « bisounours ».

Le bon manager est bienveillant et exigeant, bienveillant et clairvoyant, bienveillant et assertif : il est compréhensif vis-à-vis de l'erreur mais intraitable vis-à-vis de la faute.

Le bon manager sait faire rimer bienveillance avec exigence en parlant simplement : sujet, verbe, compliment…

L'ASSERTIVITÉ

Question posée à un collaborateur : « Alors, comment ça va aujourd'hui ? » « Très bien. » « Content du boulot ? » « Oui, tout va bien ». Même question posée à un employeur : « Tout va bien. » « Et ce nouveau projet ? » « Intéressant, oui, intéressant… »

Dans l'entreprise, tout est feutré, tout est en nuance. On évite l'affrontement, on n'exprime pas systématiquement son avis. On ne veut pas heurter l'autre. On ne veut pas imposer ses idées. On ferme les yeux sur les retards, les absences, les travaux hors délai, les travaux bâclés. On ferme les yeux sur des gisements de points à améliorer… Finalement, on dit rarement ce que l'on pense vraiment.

Pourtant, c'est dans la confrontation que naissent les idées, que s'améliorent les projets.

Les courtisans et autres « béni oui-oui » ne rendent pas service à l'entreprise car ils sont aux antipodes de la créativité, du progrès et de l'amélioration.

Pour ma part, je crois plutôt à l'assertivité. Quand c'est bien, on le dit. Quand c'est moins bien, on le dit aussi, courtoisement mais clairement. Le parler vrai fait progresser, surtout quand il se manifeste de manière positive.

Je crois à des règles du jeu issues des collaborateurs, et que chacun respecte et vit en bonne intelligence.

Je crois au respect de l'autre, à sa reconnaissance.

Je crois à la « place » que tout un chacun doit chercher et trouver.

Je crois en des cadres dirigeants qui dirigent vraiment, qui font respecter des procédures avec intelligence et tact relationnel.

Je crois en des collaborateurs associés à un projet impliquant, qui harmonisent contribution avec rétribution.

Je crois, tout simplement, au respect de la relation contractuelle où chacun dit ce qu'il a à dire, où chacun est assertif.

Et je crois, surtout, à la bienveillance qui doit présider à tout comportement. Les messages passent mieux avec le sourire, avec l'envie d'aider plutôt que de juger, avec l'envie de faire progresser l'autre plutôt que de le rabaisser...

Oui, l'assertivité devrait être la valeur qui irrigue l'entreprise et la bonifie. Jésus l'avait très bien compris et pratiquait déjà l'assertivité !

La congruence

En Jésus, les actes coïncidaient avec les paroles, et c'est ce qui marquait son autorité. Il créait ainsi inconsciemment un nouveau concept managérial dont certains cadres, aujourd'hui, devraient s'inspirer !

Le manager souhaite être autonome, mais il est souvent soit trop indépendant, soit trop demandeur d'assistance, d'aide, d'encadrement...

Le manager exige du « reporting » de la part de ses équipes mais rechigne à agir de même à l'égard de son N+1.

Le manager veut connaître la politique et la stratégie de son entreprise, voire y participer, mais a du mal à les traduire en action sur le terrain.

Le manager veut pouvoir contacter en permanence sa hiérarchie, mais préserve son équilibre vie professionnelle/vie personnelle.

Le manager est souvent critique vis-à-vis des décisions prises par les dirigeants, mais admet difficilement que l'on critique les siennes.

Le manager veut être acteur du changement dans son entreprise mais a souvent besoin qu'on lui fixe un cap.

Le manager brandit souvent les valeurs de son entreprise mais oublie d'être lui-même exemplaire.

La liste pourrait facilement s'allonger. Ce qu'il faut retenir, c'est qu'il est difficile d'être congruent. Pourtant, la congruence, cette capacité à mettre en harmonie ce que l'on pense ou dit avec ce que l'on fait, ce que l'on prône comme valeurs avec son comportement, est la posture qui « marque » vraiment le manager.

Puissent les dirigeants être eux-mêmes congruents afin que leurs cadres s'identifient à ce modèle. C'est, en tout cas, la posture que tout consultant conseille à ses clients... et doit lui-même adopter ! Ce faisant, qu'il le sache ou pas, le manager met ses pas dans ceux de Jésus.

La communication

Si communiquer consiste à faire passer son message, alors Jésus est le premier des communicants car deux millénaires après avoir émis un message, celui-ci demeure le fondement de notre société.

Le manager communique sans cesse, avec sa hiérarchie, avec ses clients, ses fournisseurs, tous les tiers et surtout avec ses collaborateurs.

Il organise des réunions, communique par mail, par SKYPE, par téléphone, par notes, par courrier…

Il reçoit ses collaborateurs dans son bureau, il va sur le terrain avec eux.

Il communique pour écouter, analyser, comprendre, expliquer, convaincre, persuader…

Adepte de la porte ouverte, il sait se rendre disponible.

Adepte du dialogue, il sait répondre à une question par une autre question. Si on lui demande : « Que fait-on, chef ? », il répond : « Que proposez-vous ? »

Il est donc habile mais sincère, souple mais ferme, convivial mais sachant prendre du recul…

Quand il prend des images pour illustrer ses propos, il ressemble à Jésus utilisant des paraboles…

Quand inlassablement il répète les mêmes choses à ses collaborateurs, il ressemble à Jésus…

Quand il fait preuve d'exigence vis-à-vis de ses collaborateurs, il ressemble à Jésus…

Quand il affirme ne pas perdre son temps à dialoguer et que la parole est aussi importante que les chiffres, il ressemble à Jésus...

Quand il reconnaît d'où il vient et sait où il va, il ressemble à Jésus...

Bref, le manager communicant, c'est Jésus.

Jésus est vraiment un manager communicant !

ANNEXES

Les paraboles citées par Jésus

La parabole du riche insensé
Luc 12, 13-21*

« Puis il leur dit : Gardez-vous avec soin de toute avarice ; car la vie d'un homme ne dépend pas de ses biens, fût-il dans l'abondance. Et il leur dit cette parabole : Les terres d'un homme riche avaient beaucoup rapporté. Et il raisonnait en lui-même, disant : Que ferai-je ? car je n'ai pas de place pour serrer ma récolte. Voici, dit-il, ce que je ferai : j'abattrai mes greniers, j'en bâtirai de plus grands, j'y amasserai toute ma récolte et tous mes biens ; et je dirai à mon âme : Mon âme, tu as beaucoup de biens en réserve pour plusieurs années ; repose-toi, mange, bois, et réjouis-toi. Mais Dieu lui dit : Insensé ! cette nuit même ton âme te sera redemandée ; et ce que tu as préparé, pour qui cela sera-t-il ? Il en est ainsi de celui qui amasse des trésors pour lui-même, et qui n'est pas riche pour Dieu. »

---

*p. 67.

La parabole des talents
Matthieu 25, 14-30*

« C'est comme un homme qui partait en voyage : il appela ses serviteurs et leur confia ses biens. À l'un il remit une somme de cinq talents, à un autre deux talents, au troisième un seul talent, à chacun selon ses capacités. Puis il partit. Aussitôt, celui qui avait reçu les cinq talents s'en alla pour les faire valoir et en gagna cinq autres. De même, celui qui avait reçu deux talents en gagna deux autres. Mais celui qui n'en avait reçu qu'un alla creuser la terre et cacha l'argent de son maître. Longtemps après, le maître de ces serviteurs revint et il leur demanda des comptes. Celui qui avait reçu cinq talents s'approcha, présenta cinq autres talents et dit : “Seigneur, tu m'as confié cinq talents ; voilà, j'en ai gagné cinq autres.” Son maître lui déclara : “Très bien, serviteur bon et fidèle, tu as été fidèle pour peu de choses, je t'en confierai beaucoup ; entre dans la joie de ton seigneur.” Celui qui avait reçu deux talents s'approcha aussi et dit : “Seigneur, tu m'as confié deux talents ; voilà, j'en ai gagné deux autres.” Son maître lui déclara : “Très bien, serviteur bon et fidèle, tu as été fidèle pour peu de choses, je t'en confierai beaucoup ; entre dans la joie de ton seigneur.” Celui qui avait reçu un seul talent s'approcha aussi et dit : “Seigneur, je savais que tu es un homme dur : tu moissonnes là où tu

*p. 68, 127.

n'as pas semé, tu ramasses là où tu n'as pas répandu le grain. J'ai eu peur, et je suis allé cacher ton talent dans la terre. Le voici. Tu as ce qui t'appartient." Son maître lui répliqua : "Serviteur mauvais et paresseux, tu savais que je moissonne là où je n'ai pas semé, que je ramasse le grain là où je ne l'ai pas répandu. Alors, il fallait placer mon argent à la banque ; et, à mon retour, je l'aurais retrouvé avec les intérêts. Enlevez-lui donc son talent et donnez-le à celui qui en a dix. À celui qui a, on donnera encore, et il sera dans l'abondance ; mais celui qui n'a rien se verra enlever même ce qu'il a. Quant à ce serviteur bon à rien, jetez-le dans les ténèbres extérieures ; là, il y aura des pleurs et des grincements de dents !" »

La parabole de l'enfant prodigue
Luc 15, 11-32*

« Un homme avait deux fils. Le plus jeune dit à son père : "Mon père, donne-moi la part de bien qui doit me revenir." Et le père leur partagea son bien. Peu de jours après, le plus jeune fils, ayant tout ramassé, partit pour un pays éloigné, où il dissipa son bien en vivant dans la débauche. Lorsqu'il eut tout dépensé, une grande famine survint dans ce pays, et il commença à se trouver dans le besoin. Il alla se mettre au service d'un des habitants du pays, qui l'envoya

*p. 71, 130.

dans ses champs garder les pourceaux. Il aurait bien voulu se rassasier des caroubes que mangeaient les pourceaux, mais personne ne lui en donnait. Étant rentré en lui-même, il se dit : combien de mercenaires chez mon père ont du pain en abondance, et moi, ici, je meurs de faim ! Je me lèverai, j'irai vers mon père, et je lui dirai : Mon père, j'ai péché contre le ciel et contre toi, je ne suis plus digne d'être appelé ton fils ; traite-moi comme l'un de tes mercenaires. Et il se leva, et alla vers son père. Comme il était encore loin, son père le vit et fut ému de compassion, il courut se jeter à son cou et le baisa. Le fils lui dit : "Mon père, j'ai péché contre le ciel et contre toi, je ne suis plus digne d'être appelé ton fils." Mais le père dit à ses serviteurs : "Apportez vite la plus belle robe, et l'en revêtez ; mettez-lui un anneau au doigt, et des souliers aux pieds. Amenez le veau gras, et tuez-le. Mangeons et réjouissons-nous ; car mon fils que voici était mort, et il est revenu à la vie ; il était perdu, et il est retrouvé." Et ils commencèrent à se réjouir. Or, le fils aîné était dans les champs. Lorsqu'il revint et approcha de la maison, il entendit la musique et les danses. Il appela un des serviteurs, et lui demanda ce que c'était. Ce serviteur lui dit : "Ton frère est de retour, et, parce qu'il l'a retrouvé en bonne santé, ton père a tué le veau gras." Il se mit en colère, et ne voulut pas entrer. Son père sortit, et le pria d'entrer. Mais il répondit à son père : "Voici, il y a tant d'années que je te sers, sans avoir jamais transgressé tes ordres, et jamais tu ne m'as donné un chevreau pour que je me réjouisse avec mes amis. Et quand ton fils est arrivé, celui qui a mangé ton bien avec des prostituées, c'est pour lui que tu as tué le veau gras !" "Mon enfant, lui dit le père, tu es toujours avec moi, et tout ce que j'ai est à toi ; mais il fallait bien s'égayer et se réjouir, parce que ton frère que voici était mort et qu'il est revenu à la vie, parce qu'il était perdu et qu'il est retrouvé." »

LA PARABOLE DE LA BREBIS ÉGARÉE
Matthieu 18, 12-14 et Luc 15, 4-7*

« Que vous en semble ? Si un homme a cent brebis, et que l'une d'elles s'égare, ne laisse-t-il pas les quatre-vingt-dix-neuf autres sur les montagnes, pour aller chercher celle qui s'est égarée ? Et, s'il la trouve, je vous le dis en vérité, elle lui cause plus de joie que les quatre-vingt-dix-neuf qui ne se sont pas égarées. De même, ce n'est pas la volonté de votre Père qui est dans les cieux qu'il se perde un seul de ces petits. » (Matthieu)

« Quel homme d'entre vous, s'il a cent brebis, et qu'il en perde une, ne laisse les quatre-vingt-dix-neuf autres dans le désert pour aller après celle qui est perdue, jusqu'à ce qu'il la retrouve ? Lorsqu'il l'a retrouvée, il la met avec joie sur ses épaules, et, de retour à la maison, il appelle ses amis et ses voisins, et leur dit : "Réjouissez-vous avec moi, car j'ai retrouvé ma brebis qui était perdue." De même, je vous le dis, il y aura plus de joie dans le ciel pour un seul pécheur

*p. 102-103.

qui se repent, que pour quatre-vingt-dix-neuf justes qui n'ont pas besoin de repentance. » (Luc)

LA PARABOLE DES OUVRIERS DE LA ONZIÈME HEURE
Matthieu 20, 1-16*

« Car le royaume des cieux est semblable à un maître de maison qui sortit dès le matin, afin de louer des ouvriers pour sa vigne. Il convint avec eux d'un denier par jour, et il les envoya à sa vigne. Il sortit vers la troisième heure, et il en vit d'autres qui étaient sur la place sans rien faire. Il leur dit : "Allez aussi à ma vigne, et je vous donnerai ce qui sera raisonnable." Et ils y allèrent. Il sortit de nouveau vers la sixième heure et vers la neuvième, et il fit de même. Étant sorti vers la onzième heure, il en trouva d'autres qui étaient sur la place, et il leur dit : "Pourquoi vous tenez-vous ici toute la journée sans rien faire ?" Ils lui répondirent : "C'est que personne ne nous a loués." "Allez aussi à ma vigne", leur dit-il. Quand le soir fut venu, le maître de la vigne dit à son intendant : "Appelle les ouvriers, et paie-leur le salaire, en allant des derniers aux premiers." Ceux de la onzième heure vinrent, et reçurent chacun un denier. Les premiers vinrent ensuite, croyant recevoir davantage ; mais ils reçurent aussi chacun un denier. En le recevant, ils murmurèrent contre le maître de la

---

*p. 104-106.

maison, et dirent : “Ces derniers n’ont travaillé qu’une heure, et tu les traites à l’égal de nous, qui avons supporté la fatigue du jour et la chaleur.” Il répondit à l’un d’eux : “Mon ami, je ne te fais pas tort ; n’es-tu pas convenu avec moi d’un denier ? Prends ce qui te revient, et va-t’en. Je veux donner à ce dernier autant qu’à toi. Ne m’est-il pas permis de faire de mon bien ce que je veux ? Ou vois-tu de mauvais œil que je sois bon ?” Ainsi les derniers seront les premiers, et les premiers seront les derniers. »

La parabole de la femme adultère
Jean 8, 1-11*

« Jésus se rendit au mont des Oliviers. Mais dès le matin il revint dans le temple et tout le peuple s’approcha de lui. Il s’assit et se mit à les enseigner. Alors les spécialistes de la loi et les pharisiens amenèrent une femme surprise en train de commettre un adultère. Ils la placèrent au milieu de la foule et dirent à Jésus : “Maître, cette femme a été surprise en flagrant délit d’adultère. Moïse, dans la loi, nous a ordonné de lapider de telles femmes. Et toi, que dis-tu ?” Ils disaient cela pour lui tendre un piège, afin de pouvoir l’accuser. Mais Jésus se baissa et se mit à écrire avec le doigt sur le sol. Comme ils continuaient à l’interroger, il se redressa et leur dit : “Que celui d’entre vous qui est sans péché jette le premier

*p. 108-109.

la pierre contre elle." Puis il se baissa de nouveau et se remit à écrire sur le sol.

Quand ils entendirent cela, accusés par leur conscience ils se retirèrent un à un, à commencer par les plus âgés et jusqu'aux derniers ; Jésus resta seul avec la femme qui était là au milieu. Alors il se redressa et, ne voyant plus qu'elle, il lui dit : "Femme, où sont ceux qui t'accusaient ? Personne ne t'a donc condamnée ?" Elle répondit : "Personne, Seigneur." Jésus lui dit : "Moi non plus, je ne te condamne pas ; vas-y et désormais ne pèche plus."

La parabole de la drachme perdue
Luc 15, 8-10*

« Ou quelle femme, si elle a dix drachmes, et qu'elle en perde une, n'allume une lampe, ne balaie la maison, et ne cherche avec soin, jusqu'à ce qu'elle la retrouve ? Lorsqu'elle l'a retrouvée, elle appelle ses amies et ses voisines, et dit : "Réjouissez-vous avec moi, car j'ai retrouvé la drachme que j'avais perdue." De même, je vous le dis, il y a de la joie devant les anges de Dieu pour un seul pécheur qui se repent. »

*p. 115.

La parabole du figuier stérile
Luc 13, 6-9*

« Un homme avait un figuier planté dans sa vigne. Il vint y chercher des fruits et n'en trouva pas. Il dit alors au vigneron : “Voilà trois ans que je viens chercher des fruits sur ce figuier, et je n'en trouve pas. Coupe-le ; pourquoi donc occupe-t-il la terre pour rien ?” Mais celui-ci, répondant, lui dit : “Maître, laisse-le cette année encore, le temps que je creuse tout autour et que je mette du fumier. Peut-être donnera-t-il des fruits à l'avenir. Sinon, certes, tu le couperas.” »

La parabole des dix Mines
Luc 19, 11-27**

Ils écoutaient ces choses, et Jésus ajouta une parabole, parce qu'il était près de Jérusalem, et qu'on croyait qu'à l'instant le royaume de Dieu allait paraître. Il dit donc : « Un homme de haute naissance s'en alla dans un pays lointain, pour se faire investir de l'autorité royale, et revenir ensuite. Il appela dix de ses serviteurs, leur donna dix mines, et leur dit : “Faites-les valoir jusqu'à ce que je revienne.” Mais ses concitoyens le haïssaient, et ils envoyèrent une

*p. 118-119.
**p. 130.

ambassade après lui, pour dire : “Nous ne voulons pas que cet homme règne sur nous.” Lorsqu'il fut de retour, après avoir été investi de l'autorité royale, il fit appeler auprès de lui les serviteurs auxquels il avait donné l'argent, afin de connaître comment chacun l'avait fait valoir. Le premier vint, et dit : “Seigneur, ta mine a rapporté dix mines.” Il lui dit : “C'est bien, bon serviteur ; parce que tu as été fidèle en peu de chose, reçois le gouvernement de dix villes.” Le second vint, et dit : “Seigneur, ta mine a produit cinq mines.” Il lui dit : “Toi aussi, sois établi sur cinq villes.” Un autre vint, et dit : “Seigneur, voici ta mine, que j'ai gardée dans un linge ; car j'avais peur de toi, parce que tu es un homme sévère ; tu prends ce que tu n'as pas déposé, et tu moissonnes ce que tu n'as pas semé.” Il lui dit : “Je te juge sur tes paroles, méchant serviteur ; tu savais que je suis un homme sévère, prenant ce que je n'ai pas déposé, et moissonnant ce que je n'ai pas semé ; pourquoi donc n'as-tu pas mis mon argent dans une banque, afin qu'à mon retour je le retirasse avec un intérêt ?” Puis il dit à ceux qui étaient là : “Ôtez-lui la mine, et donnez-la à celui qui a les dix mines.” Ils lui dirent : “Seigneur, il a dix mines.” “Je vous le dis, on donnera à celui qui a, mais à celui qui n'a pas on ôtera même ce qu'il a. Au reste, amenez ici mes ennemis, qui n'ont pas voulu que je régnasse sur eux, et tuez-les en ma présence.” »

La parabole du semeur
Matthieu 13, 1-23*

« Voici que le semeur est sorti pour semer. Et comme il semait, des grains sont tombés au bord du chemin, et les oiseaux, étant venus, ont tout mangé. D'autres sont tombés sur des endroits pierreux, où ils n'avaient pas beaucoup de terre, et aussitôt ils ont levé, parce qu'ils n'avaient pas de profondeur de terre : mais, le soleil s'étant levé, ils ont été brûlés, et faute de racines, ils se sont desséchés. D'autres sont tombés sur les épines, et les épines ont monté et les ont étouffés. Mais d'autres sont tombés sur de la bonne terre, et ils ont donné du fruit, l'un cent, l'autre soixante, l'autre trente. Entende, qui a des oreilles !

Et, s'avançant, les disciples lui dirent : "Pourquoi leur parles-tu en paraboles ?" Et, répondant, il dit : "Parce qu'à vous il a été donné de connaître les mystères du Royaume des Cieux, mais à ceux-là ce n'a pas été donné. Car quiconque a, on lui donnera et il aura en surabondance, mais quiconque n'a pas, même ce qu'il a lui sera enlevé. Voilà pourquoi je leur parle en paraboles : parce qu'ils voient sans voir et qu'ils entendent sans entendre. Et pour eux s'accomplit la promesse d'Isaïe qui dit : Vous serez tout oreilles et ne comprendrez pas, vous regarderez de tous vos yeux et vous ne verrez pas, car le cœur de ce peuple s'est épaissi, ils sont devenus durs d'oreille, ils ont fermé

* p. 133.

les yeux, de peur qu'ils ne voient de leurs yeux, n'entendent de leurs oreilles, ne comprennent avec leur cœur, et qu'ils ne se convertissent. Et je les aurais guéris ! Mais vous, heureux vos yeux, parce qu'ils voient, et vos oreilles, parce qu'elles entendent ! Car en vérité je vous dis que beaucoup de prophètes et de justes ont désiré voir ce que vous voyez, et ils ne l'ont pas vu, entendre ce que vous entendez, et ils ne l'ont pas entendu !

Vous donc, écoutez la parabole du semeur. Chaque fois qu'un homme entend la Parole du Royaume sans la comprendre, arrive le Mauvais qui emporte ce qui a été semé dans son cœur ; c'est celui qui a reçu la semence au bord du chemin. Celui qui a reçu la semence sur les endroits pierreux, c'est celui qui entend la Parole et aussitôt la reçoit avec joie, mais il n'a pas de racine en lui-même, il est, au contraire, l'homme d'un moment ; survienne une tribulation ou une persécution à cause de la Parole, aussitôt il trébuche. Celui qui a reçu la semence dans les épines, c'est celui qui entend la parole, et le souci du monde et la duperie de la richesse étouffent la Parole, qui devient stérile. Et celui qui a reçu la semence sur la bonne terre, c'est celui qui entend la Parole et la comprend : et celui-là porte du fruit et produit l'un cent, l'autre soixante, l'autre trente." »

La parabole de la semence (ou la graine poussant secrètement) Marc 4, 26-29*

« Il en est du royaume de Dieu comme quand un homme jette de la semence en terre ; qu'il dorme ou qu'il veille, nuit et jour, la semence germe et croît sans qu'il sache comment. La terre produit d'elle-même, d'abord l'herbe, puis l'épi, puis le grain tout formé dans l'épi ; et, dès que le fruit est mûr, on y met la faucille, car la moisson est là. »

La parabole des deux fils Matthieu 21, 28-32**

« Que vous en semble ? Un homme avait deux fils ; et, s'adressant au premier, il dit : "Mon enfant, va travailler aujourd'hui dans ma vigne." Il répondit : "Je ne veux pas." Ensuite, il se repentit, et il alla. S'adressant à l'autre, il dit la même chose. Et ce fils répondit : "Je veux bien, seigneur." Et il n'alla pas. Lequel des deux a fait la volonté du père ? Ils répondirent : "Le premier." Et Jésus leur dit : "Je vous le dis en vérité, les publicains et les prostituées vous devanceront dans le royaume de Dieu. Car Jean est venu à vous dans la voie de la

---

*p. 133.

**p. 157-158.

justice, et vous n'avez pas cru en lui. Mais les publicains et les prostituées ont cru en lui ; et vous, qui avez vu cela, vous ne vous êtes pas ensuite repentis pour croire en lui." »

L'effet d'une rencontre...

par

FLORIAN MANTIONE

Ma rencontre avec Jésus m'a transformé et m'a fait découvrir un « management spirituel ».

Je ne suis plus le même après ma rencontre avec Jésus. Son écoute, sa bienveillance, son message qu'il répète inlassablement avec la même douceur, sa patience, tout ceci incarne un style de « management spirituel » novateur et éternel.

À l'époque, le message de Jésus était révolutionnaire, car il s'inscrivait en rupture avec son époque.

Riche d'enseignement, ce message nous pousse aujourd'hui à réfléchir, même si parfois il apparaît idéaliste, complexe, trop symbolique...

Que reste-t-il du message de Jésus ?

J'en retiens surtout sa morale altruiste, l'égalité prônée entre tous les hommes, la fraternité universelle, le pardon des offenses. Il nous invite à préférer une civilisation de l'essence à une civilisation de l'apparence, une société de l'être à une société de l'avoir. Il proclame la nécessité de s'élever par l'amour et la connaissance, et nous rappelle que c'est de l'Esprit qu'émane la matière. Il pose que la vraie richesse est ce qu'on peut donner de soi aux autres, comme lui-même s'est offert, symboliquement, à l'humanité pour son salut.

À y bien regarder, sa posture s'apparente à celle du « manager éclairé ». Celui-ci doit aider ses collaborateurs, les estimer, les aimer. Il doit les respecter, les faire grandir, les éclairer, leur montrer l'essentiel. Et pour ce faire, il doit être exemplaire, payer de sa personne, être congruent, respecter une certaine éthique. Et c'est là tout le portrait de Jésus.

Bien sûr, il est hors de question de faire du prosélytisme religieux dans nos entreprises, mais nous tendons à adopter, sans nous en rendre compte, des valeurs fondamentales comme la lutte contre la discrimination, l'équité, la parité... Autant de valeurs « christiques » !

Finalement, Jésus ne revient pas dans l'entreprise : il ne l'a jamais quittée.

Hervé Ponsot

Un challenge qui m'a conduit à revisiter le Jésus de l'histoire.

Lorsque Florian Mantione, que je ne connaissais pas, m'a sollicité pour contribuer à la rédaction de l'ouvrage qu'il projetait, je me suis vraiment demandé dans quoi il souhaitait m'engager. Mais après l'avoir rencontré, et en avoir parlé avec des amis et quelques frères dominicains, je me suis dit que l'idée était originale, et que le challenge méritait d'être tenté.

J'ai donc donné mon accord, tout en me disant que je n'avais certainement pas les qualités requises pour « être Jésus » ! Parce qu'il est difficile d'interpréter Jésus à une seule voix, quand il faut quatre évangiles pour le faire ; et parce qu'en outre, « spécialisé » depuis longtemps sur les Actes des Apôtres et les lettres de saint Paul, je n'ai pas de connaissances particulières des évangiles, que je n'enseigne pas…

Nous avons donc procédé à partir de questions et de réponses enregistrées, dans lesquelles il m'était évidemment impossible de me référer explicitement à tel ou tel écrit du Nouveau Testament, pas plus qu'aux élaborations théologiques qui ont suivi : je n'avais d'autre choix que de « me mettre dans la peau de Jésus », et répondre du tac au tac sur des questions plutôt inattendues dans la forme comme dans le fond. Même si elles m'avaient été annoncées d'avance.

D'aucuns trouveront sans doute, comme je le pense d'ailleurs moi-même, qu'il y avait bien d'autres réponses possibles, que j'ai été très réducteur, que je n'ai pas abordé tel ou tel point important ou sensible.

J'ai fait « du mieux que j'ai pu », ou plutôt « du mieux qu'il m'a été donné de faire ». Car j'ai choisi de vivre une vraie rencontre, sans préparer les questions, j'ai voulu « jouer le jeu ». Ma préparation s'est faite à chaque fois dans la prière, dans l'appel à l'Esprit-Saint : est-ce pour cela que j'ai été souvent surpris des réflexions qui me venaient à l'esprit, des réminiscences bibliques opportunes que j'évoquais, bref d'un regard inattendu que j'étais moi aussi conduit à porter sur la vie de Jésus ?

J'ai été poussé dans mes retranchements par Florian, mais peut-être bien aussi par Jésus lui-même que j'ai été conduit à revisiter. Je suis donc très heureux du challenge et du résultat, en espérant que les lecteurs le seront tout autant que moi.

Les auteurs

FLORIAN MANTIONE

Florian Mantione est né à Carthage en 1949 et baptisé en la cathédrale de Tunis. Ses amis d'enfance s'appelaient Jean, David et Mohammed. Il a baigné dans un milieu œcuménique où les différences de religion étaient plus des différences gastronomiques que des prétextes à opposition. Il en a retiré une certaine distanciation vis-à-vis du fait religieux.

Il est diplômé de l'École supérieure de commerce de Toulouse, de l'Institut d'études politiques de Toulouse et licencié en sciences économiques de l'université de Paris I.

Après des responsabilités commerciales chez Burroughs (2e constructeur mondial d'informatique), il crée, en 1976, le *Florian Mantione Institut*, réseau international de Conseil en gestion des ressources humaines : recrutement, formation, outplacement, audit humain et organisationnel, bilans de compétences…

Il est l'auteur de 27 ouvrages sur le management, le recrutement et les RH, et plus de 200 articles dans des revues économiques. Il est également le créateur d'une chaîne sur YouTube concernant le management : www.youtube.com/results?search_query=tv+florian+mantione+institut.

Très impliqué dans la vie associative, économique et sociale (CCI, MEDEF, DCF, ANDRH, Crédit Agricole, Association 60 000 Rebonds, Cercle Montpellier

Cambacérès, MENSA), il a fait partie des EDC Entrepreneurs et Dirigeants Chrétiens et demeure un membre actif des Amitiés judéo-chrétiennes.

Fasciné par la vie de Jésus, adhérent totalement à ses valeurs, il voit un lui un leader et un manager dont l'expérience et les compétences demeurent toujours d'actualité, tout particulièrement en entreprise.

En 2016, il est promu au grade de Chevalier dans l'Ordre de la Légion d'Honneur.

Sélection d'ouvrages rédigés par Florian Mantione

Le recrutement des commerciaux, Éd. d'Organisation, 1992 (en collaboration avec R. MOULINIER).

La méthode ouvre-boîte : « l'outil pour trouver votre emploi », Les presses du management/Éditions Nouvelles (Canada), 1996 (illustré par J.-F. RAMIREZ).

Le management de l'An 2000, Éd. Athéna, 2000 (illustré par J.-F. RAMIREZ).

Les 13 secrets de 3 chasseurs de têtes. Comment recruter le mouton à 5 pattes, Éd. Athéna, 2012.

Comment recruter des Talents. Compétences ou Potentiels ?, Éd. Athéna, 2014.

Le management épiphyte, Éd. EMS, 2016.

Le livre noir des CV trompeurs, Éd. Athéna, 2018.

Le management selon Napoléon, Éd. Athéna, 2019 (en collaboration avec A. PIGEARD).

Hervé Ponsot

Hervé Ponsot est né à Fédala (Maroc) en octobre 1951, 4e enfant d'une famille qui en compte 5. Il a quitté le Maroc… à l'âge de deux mois pour rejoindre Bordeaux où son père, alors agent commercial d'une entreprise de mobilier de bureau, était désormais affecté. Il y restera jusqu'en 1957, avant de rejoindre, toujours avec ses parents, frères et sœurs, la région parisienne où il continue un cursus très classique.

En 1971, il « intègre » l'école des Hautes études commerciales à Jouy-en-Josas, où il passe les trois ans réglementaires. À la sortie, il s'interroge sur ce que sera son avenir, tout en faisant la rencontre du Renouveau charismatique, par la médiation de la toute jeune communauté de l'Emmanuel.

Ce passage est décisif : comme il l'a raconté sur son blog *proveritate.fr* (qu'il tient à jour depuis vingt ans), dans l'article « Mon appel à entrer chez les Dominicains », il apprend, le 8 décembre 1974 à 11 h 15, par une voix qui lui susurre à l'oreille, qu'il doit « entrer chez les Dominicains ». Ordre religieux qu'il ne connaissait pourtant pratiquement pas, et alors qu'il n'avait jamais pensé à la vie religieuse. 45 ans plus tard, il y est encore, très heureux, et sans avoir jamais douté de la grâce qui lui avait été faite.

Formé dans l'Ordre des Prêcheurs (= Dominicains) aux études bibliques, il a passé un doctorat en ce domaine (institut catholique de Paris et Sorbonne), puis enseigné en différents lieux. il cofonde l'université dominicaine de théologie en ligne, *Domuni*. de 2008 à 2011, il sera directeur de la fameuse École biblique et archéologique française de Jérusalem. Au sein de l'Ordre, il a occupé d'innombrables fonctions et responsabilités : économe (il était le seul à vouloir oublier qu'il avait « fait HEC »), chantre, assistant du prieur provincial, sous-prieur, prieur, maître des novices, maître des étudiants, etc.

Aujourd'hui, il est déchargé de responsabilités « en interne », mais non « en externe » : il est prêtre référent de l'hôpital psychiatrique La Colombière de Montpellier et il est présent encore auprès d'autres groupes.

Avec le temps dont il dispose, mais même quand il n'avait pas ce temps, le frère Hervé Ponsot est l'auteur de très nombreux ouvrages, de bible ou de spiritualité, et d'articles, tous présentés sur son blog.

Sélection d'ouvrages rédigés par Hervé Ponsot

Une introduction à la lettre aux Romains, Paris, Éd. du Cerf, 1988.

Saint Paul, autobiographie 2014, Paris, BoD, 2014.

Saint Pierre, autobiographie 2014, Paris, BoD, 2014.

Saint Luc, comment et pourquoi j'ai écrit les Actes des Apôtres, Paris, BoD, 2014.

Le Fils Jésus, parfait médiateur. Une lecture de la lettre aux Hébreux, Paris, BoD, 2015.

Signe dans la Bible, vol 1, en collaboration avec A. Lécu et A. Candiard, Paris, Éd. du Cerf, 2015.

Lecture historique et théologique des Actes des Apôtres, Paris, BoD, 2016.

Combat. La spiritualité au quotidien, Paris, Éd. du Cerf, 2016.

Pour (re)commencer à croire. Catéchisme à l'usage de nos contemporains, Paris, Éd. du Cerf,

2018.

Nous n'avons qu'une seule vie, Paris, Éd. du Cerf, 2020.

La gratuité n'a pas de prix, Paris, BoD, 2020.

Je suis né plusieurs fois dans ma vie, Paris, BoD, 2020.

Mémoires hypothétiques d'André, disciple de Jésus, Paris, BoD, 2020.

Saint Paul, autobiographie 2020 (révision de l'édition 2014), Paris, BoD, 2020.

Sans peur et sans reproche, Paris, BoD, 2020.

En Christ, renaître à la vie. Une lecture de la théologie de saint Paul, Paris, BoD, 2021.

Puissance de la fragilité, à partir de quelques figures bibliques, Paris, BoD, 2021.

Le pensable et l'impensable, Paris, BoD, 2022.

L'espérance en chemin, Paris, BoD, 2022.

Au fil du temps, vol. II, Paris, BoD, 2022.

Postface

Des livres sur « Jésus », à propos de l'une ou l'autre de ses activités, commentant sa manière d'être, de faire ou de parler… cela ne manque pas. Le personnage attire toujours, même ceux qui ne voient pas en lui, le « Fils de Dieu », le « Sauveur des hommes », l'« Homme vrai »… Il va de soi que ces multiples facettes dépeintes témoignent de la richesse infinie de l'homme de Nazareth. Il est impossible de rejeter l'une ou l'autre, au nom d'une « idéologie » (ce que peut devenir le christianisme pour certains), car, le plus souvent, chaque livre est le fruit d'une rencontre singulière dont un auteur – croyant ou non – veut témoigner : cet homme a compté/compte pour lui… À partir de cette rencontre qui a bousculé, retourné, renversé, parfois même « converti », s'élabore une « voie » où la vie prend un sens, un nouveau départ…

Dans *Le management selon Jésus*, un homme, « manager » et féru de formation en ce domaine, s'est laissé rencontrer par ce Jésus de Nazareth – il nous le laisse deviner, même s'il ne le raconte pas – et a voulu accueillir ce qu'il aurait à lui dire – pour cela il a fait appel à un interlocuteur qui a transmis ce que Jésus est pour lui – pour guider et orienter son action professionnelle mais aussi sa vie. Certes, le point de vue est original mais, peut-être, ouvre-t-il ainsi pour des contemporains, une piste de rencontre qui limitera l'écart entre la « vie professionnelle » et un « compagnonnage » avec Jésus, celui-ci enrichissant celle-là, ouvrant des perspectives qui peuvent questionner...

« Jésus, manager »... pourquoi pas ? Il y a bien eu un « Jésus, révolutionnaire », un « Jésus, romantique », un « Jésus, faiseur de miracles », selon les époques et les questionnements – certains diraient : les « besoins » – du moment... Le point commun entre tous : l'homme Jésus donne du sens à des vies d'hommes... L'erreur serait, à partir de cette lecture, de prétendre connaître Jésus. Je préfère penser que le lecteur ressortira avec des questions sur lui, sur sa propre vie d'homme... et ainsi avec un désir qu'il tentera de « combler » en osant s'approcher des évangiles que *Le management selon Jésus* lui aura entrouverts. Viendra alors sa propre lecture, et...

JEAN-LUC RAGONNEAU, jésuite.

Table des matières

ANNEXES

Remerciements

Une amicale pensée à nos deux relecteurs intraitables vis-à-vis de l'orthographe et de la syntaxe : Sylvie Diu et Hatim Jaïbi-Riccardi.

Nos remerciements à Pascal Amet et à ses collaborateurs malgaches, pour avoir retranscrit l'interview (car il s'agissait bien d'une interview !!!) en un manuscrit parfaitement lisible.

Merci aux Éditions du Cerf, et spécialement au frère Renaud Escande, pour avoir accueilli notre livre dans cette prestigieuse maison.

Composition : Nord Compo

Cet ouvrage a été achevé d'imprimer en mai 2023
dans les ateliers de Normandie Roto Impression s.a.s.
61250 Lonrai (Orne)
N° d'impression : 2301955
Dépôt légal : mai 2023

Imprimé en France